노는 만큼 배우는 아이들

노는 만큼
배우는
아이들

엄예정 지음

5세부터 10세까지
초등 공부로 이어지는
엄마표 놀공법

시공사

추천의 글

6년. 내 아내이자 두 아이의 엄마인 엄예정 작가가 아이들과 함께 놀이를 하며 성장해온 시간입니다. "나 책 쓸 거야"라고 선포한 지 얼마 되지 않은 것 같은데 제게 추천사를 써줄 수 있겠냐며 원고를 들고 왔습니다. 글을 읽어 내려가다 보니 어느새 지는 6년 전 뉴욕으로 돌아가 있었습니다. 한 장 한 장 책장을 넘길 때마다 제가 보지 못한 우리 아이와 아내의 왁자지껄했던 일상이 드라마처럼 눈앞에 그려졌습니다. 아이들에게 매일 책을 읽어주고 신기한 과학 놀이를 하고 아이들과 마치 친구처럼 웃으며 장난치는 아내, 그 옆에는 호기심과 기대가 가득한 눈빛으로 엄마를 바라보는 아이들이 있었습니다. 아이들을 위해 고민하고 과감하게 도전했던 아내가 있었기에 아이들은 낯선 곳에서도 하루하루 즐거워했고 조금씩 성장하며 잘 적응할 수 있었습니다. 그 시간의 기록이 담긴 이 책의 마지막 장을 덮는 순간 여러분도 아이와 놀이를 통해 질문하고, 대화하고, 공감하며 함께 성장해가는 자신을 발견하게 될 겁니다.

홍석인(택이 아빠, 성균관대학교 교수)

입시 경쟁에서 앞서려면 아이가 어릴 때부터 학원에 보내야 한다는 사회적 통념에서 벗어나, 아이를 가장 잘 아는 엄마가 함께 시간을 보내며 즐거운 놀이를 통해 효과적이면서 행복하게 교육할 수 있다는 희망을 보여주는 귀한 책입니다. 저는 이 책을 읽고서 비로소 어려서부터 남달랐던 은택이와 윤택이의 비밀을 알게 되었네요. 엄마표 음식이 아이의 입맛에 가장 잘 맞고 건강에 가장 좋듯이 엄예정 선생님이 소개하는 '엄마표' 교육을 통해 한국의 많은 아이가 은택이 형제와 같이 창의성 풍부하고 호기심 많은 행복한 영재로 자라나길 기대합니다.

이우람(펜실베이니아주립대학교 교수)

아이들에게 놀이는 '즐거움'이자 '배움'이고, '삶' 그 자체입니다. 어렸을 때부터 부모와 따뜻하게 소통하며 놀이를 통해 배우고 앎의 기쁨을 경험한 아이들은 초등학교에 들어와 운동 능력, 언어능력, 사회성, 사고력, 창의성, 공감 능력 등에 두각을 드러냅니다. 이 책은 엄예정 선생님이 두 아들과 오랜 시간 켜켜이 쌓아온 행복한 엄마표 언어, 과학, 수학 놀이를 소개하고 있습니다.

선생님은 엄마 주도의 학습이 아닌, 아이가 주도하는 놀이판을 깔아줍니다. 아이의 질문에서 출발해 놀이와 학습을 자연스럽게 넘나들고 배움을 삶과 연결시키며 아이들과 함께 행복하게 성장하는 삶의 스토리를 들려줍니다.

이 책에는 수많은 학습법의 홍수와 조기 교육의 압박 속에서도 소신 있게 엄마표 놀이 학습을 해온 선생님의 가치관과 경험이 담겨 있어 더욱 소중합니다. 아이와 함께 놀이의 재미와 몰입의 즐거움을 경험하고 싶은 부모님들, 놀이를 통한 성장의 원동력을 만들고 싶은 부모님들, 엄마표 놀이를 통해 아이와 단단하고 행복하게 성장하고 싶은 부모님들에게 이 책을 적극 추천합니다.

조예지 (윤슬초등학교 교사, 《월화수목금토론》 공저자)

대한민국의 많은 엄마가 선행 학습을 시켜줘야만 한다는 부담감과 불안을 안고 있습니다. 아마도 우리 아이가 남들보다 앞서길 목표로 해서라기보다는, 뒤처지지만은 않길 바라는 마음이리라 생각합니다. 그런데 안타깝게도 많은 부모님이 선행의 의미를 잘못 파악하고 그저 몇 가지 지식을 더 습득하는 것에 초점을 두면서 그릇된 엄마표를 하는 것을 교육 현장에서 많이 봅니다. 잘못된 엄마표는 배움의 즐거움을 잃게 만듭니다. 이 책을 통해 부모님들이 엄마표의 진짜 의미를 찾고, 엄마도 아이도 즐거운 엄마표가 무엇인지 고민해봤으면 좋겠습니다.

김서영 (각화초등학교 교사)

엄마표 놀이에는 일관되고 지나친 선행 학습의 굴레에서 벗어나, 우리 아이를 가장 잘 아는 엄마의 시선으로 아이의 숨은 잠재력을 키워주는 힘이 있습니다. 우리 아이가 행복을 느끼며 발전하기를 바라는 부모님들께 권합니다. 아직 아이가 취학 전이거나 그동안 여러 엄마표 책을 읽고도 실패한 분들에게도 추천합니다. 이 책을 펼치는 순간 여러분의 아이가 놀이를 통해 놀랄 만한 잠재력을 키우는 모습을 보게 될 겁니다.

김가영(동신중학교 교사)

긴말할 것 없이, 저는 아이를 키우고 교육하는 모든 분들께 이 책을 꼭 읽어보라고 추천하겠습니다. 저는 아직도 선생님의 블로그를 처음 방문했을 때를 잊지 못합니다. '여기 나만 알고 싶다!'라고 생각했어요. 선생님의 엄마표 활동들을 읽고 또 읽으며 따라 하기도 했는데, 이 책에 그 모든 것들이 너무도 잘 나와 있습니다. 지금 저는 선생님이 모집한 엄마표 영어 모임을 하며 '함께하는 힘'도 체험하고 있습니다. 누구나 엄마표를 할 수는 있습니다. 다만 올바른 방향을 제시하고 꾸준히 할 수 있는 노하우를 알려주는 이 책과 함께 제대로 즐겁게 해보길 바랍니다.

장은영(광주광명초등학교 교사)

10살 이전의 아이가 쏟아내는 기발한 질문과 엉뚱한 호기심은 왜 학년이 올라갈수록 사라질까요? 이 책에서는 아이의 사소한 질문에 귀를 기울입니다. 그 틈새를 파고드는 역할에는 엄마가 제격이기 때문입니다. 비싼 학원도, 좋은 교재도 우리 아이의 미묘한 변화를 알아챌 수 없습니다. 그 순간을 포착하여 우리 아이의 성장을 지켜볼 수 있는 것은 엄마만의 특권입니다. 엄마표 놀이로 시작해 책 읽기, 영어, 과학을 거쳐 엄마표 중에서도 가장 고수만 한다는 수학까지 순조롭게 나아가는 선생님의 기술은 우리 모두 배워야 합니다. 책에 나온 대로 따라만 해도, 우리는 엄마표 육아의 선배가 되어 있을 겁니다. 우리 감탄만 하고 '나는 못한다'고 지레 겁먹지 말아요. 그러기에는 옆에 있는 우리 아이가 너무 빛나는 질문을 하고 있으니까요.

정희경《엄마가 만드는 초등 수학 자신감》 저자)

처음 엄예정 선생님의 블로그를 발견했던 날을 기억합니다. '엇, 이분 뭐지? 뭐지?' 하며 며칠 밤을 새워 신나게 글을 읽었어요. 읽으면 읽을수록 '내가 누울 자리는 여기구나'란 생각을 했습니다. 이제 이곳저곳 헤매며 엄마표 공부에 대한 정보를 찾는 수고와 시간 낭비를 하지 않아도 되겠다 싶었거든요. 선생님의 블로그에 다 있었습니다. 단순 정보가 아닌 수많은 교육서를 읽고 체화한 현직 교사 엄마의 올바른 정보들이요. 좀 더 보기 편하게 책으로 나오면 참 좋겠다 소망하고 있었는데, 때맞춰 세상에 나온 선생님의 첫 책! 믿고 보는 책일 거라 예상은 했지만 역시나 제가 처음 선생님의 블로그를 발견하고 느꼈던 그 감동 그대로입니다.

제가 초등학교 교사로 10년 넘게 아이들과 학부모님들을 봐온 경험에 비춰봐도 엄예정 선생님의 엄마표는 옳아요. 엄마표 학습에서 아이 주도 학습으로 자연스럽게 넘어가게 하는 힘이 있습니다. 그래서 저도 현재 선생님이 이끌고 있는 엄마표 수학 모임에 참여하고 있습니다. 유아부터 초등학교 저학년 아이들에게 최적화된 교육 로드맵과 그것을 실현하기 위한 구체적인 팁이 궁금하다면 이 책을 펼쳐보세요. 저처럼 넘쳐나는 정보들로 방황했던 엄마들에게 이 책이 믿음직한 길잡이가 되어줄 거예요.

조정민(서울상신초등학교 교사)

교단에 서는 교사로서 해마다 여러 학생들을 만나며 나름대로 꿈꿔온 자녀 교육의 이상향이 있었습니다. 이상은 이상일 뿐 겨우 아이를 먹이고 재우고 입히고 치우는 일에 허덕이던 중 저의 이상을 현실로 실현해나가는 분을 알게 되었습니다. 세 번의 계절을 엄마표 수학 연구 모임으로 함께하면서 본 엄예정 선생님은 누구보다 교육에 열정이 많고 끊임없이 배우고 고민하며 적용하는 분, 직접 부딪쳐 시행착오를 겪으며 쌓아온 노하우와 정보를 아낌없이 나누고 알려주는 분입니다. 선생님의 그 고민과 나눔의 마음이 이 한 권의 책에 그대로 살아 숨 쉬고 있습니다.

이한나(남원서원초등학교 교사)

진심이 담긴 글에는 힘이 있습니다. 이런 글은 엄마가 먼저 알아보지요. 저는 오랫동안 블로그에서 선생님의 글을 읽어왔습니다. 그 덕분에 많은 정보 속에서 불안해질 때 진짜 중요한 것은 무엇인지 기본을 생각할 수 있었고, 수학 모임과 영어 리딩 클럽으로 혼자가 아닌 함께, 꾸준히 해올 수 있었습니다. 엄예정 선생님이 그동안 얼마나 치열하게 연구하고 고민했는지 알기에, 그 경험을 한 권의 책으로 읽을 수 있다는 것이 참 감사합니다. 이 책을 통해 누구라도 엄마표 영어, 과학, 수학 놀이를 바로 시작할 수 있습니다. 언제나 최고의 것을 주고 싶은 엄마만이 할 수 있는 교육을 꿈꾼다면, 이 책이야말로 든든한 조력자로 가까이 두고 싶은 단 한 권의 책이 될 것입니다.

정민음(한산중학교 교사)

요즘 엄마표라고 하면 극성스러운 엄마들이나 하는 것처럼 부담스럽게 느끼는 부모님들이 많습니다. 하지만 《노는 만큼 배우는 아이들》의 엄마표 놀이 공부는 일상생활에서 아이와 함께 노는 것으로 시작합니다. 엄마가 힘든 엄마표가 아니라 아이와 함께 놀면서 아이가 가진 장점을 살리고 부모와 아이 간의 유대감까지 쌓을 수 있다는 점이 엄마이자 교사로서 반갑습니다. 엄마표 놀이로 즐겁게 놀면서 영어, 과학, 수학 공부까지 할 수 있다니 이보다 더 좋을 수 있을까요. 아이와 함께 행복한 시간을 갖고 공부 습관도 잡을 수 있는 엄예정 선생님만의 꿀팁이 가득한 이 책을 모든 부모님께 추천합니다.

조현아(미산초등학교 교사,《초등 아이, 어떻게 잡아줘야 할까?》 저자)

아이의 지성은 아이를 가장 잘 파악하고 있는 부모에게서 나옵니다. 시작은 아이의 성격, 관심사, 강점을 가까이에서 관찰하는 것입니다. 이 책은 일상에서 엄마와 아이가 소통하며 아이의 창의성, 집중력, 공부 머리를 길러준 경험을 이야기합니다. 아이의 질문과 호기심에 엄마는 어떻게 반응해야 하는지, 즐겁고 유익한 시간을 위해 무엇을 해야 하는지에 대한 해답이 담겨 있습니다. 엄예정 선생님의 경험을 하나씩 따라 해보세요. 엄마표라는 이름 아래 선생님이 아닌 '엄마'의 마음으로 함께 하는 놀이가 곧 신나는 배움이 되는 기적을 체험할 거라 확신합니다.

박은선(태장고등학교 교사,《초3 공부가 고3까지 간다》 저자)

교실에서 매일 학생들을 만나다 보면 내 아이의 얼굴이 겹쳐 떠오를 때가 많습니다. 내 아이가 중·고등학생이 되었을 때의 모습을 그려보면 기대와 함께 걱정도 따라오곤 합니다. 아이가 자라면서 들려오는 주변의 소식과 정보들로 고민의 종류는 많아지고 마음은 더 조급해집니다. 그런 엄마들에게 이 책은 불안해하지 말고 천천히 함께 가자는 따뜻한 응원을 건넵니다. 아이를 가장 잘 알고 있는 엄마가 흔들림 없이 중심을 잡으며 함께 나아간다면 어제보다 오늘, 오늘보다 내일이 기대되는 아이를 만날 수 있을 거라 믿습니다. 엄마표의 힘을 믿고도 꾸준히 이어가지 못했던 저와 같은 엄마들도 힘을 빼고 할 수 있는 만큼 하다 보면 어느새 아이도 엄마도 한 뼘은 자라 있을 거라는 든든한 토닥임을 선물받았습니다.

권선희(대구중앙중학교 교사)

'어떻게 하면 아이를 잘 키울까?' 모든 엄마의 고민입니다. 저도 아이를 낳고 그 답을 찾아 고민하다가 엄마표를 시작했습니다. 물론 혼자 하다 보니 꾸준히 하는 게 가장 힘들었습니다. 하지만 그 무렵에 만난 소모임과 엄예정 선생님의 가이드 덕분에 엄마표를 꾸준히 해나갈 수 있었고, 필요한 정보도 아낌없이 받아 저는 그저 따라가는 것만으로도 아이와 즐겁게 엄마표 놀이를 할 수 있었습니다. 제가 하는 1학년 수업에도 엄예정 선생님의 놀이를 적용했습니다. 아직 수 개념이 잡혀 있지 않은 아이들에게 구체물로 수학을 접하게 해주니 수학에 대한 흥미를 높이고 좀 더 수월하게 수학적 개념을 형성할 수 있었습니다. 엄마표 학습이 어렵게만 느껴지나요? 엄마표는 엄마의 숙제나 희생이 아닙니다. 엄마표 시작을 고민하거나 엄마표를 하면서 길을 잃었다면 이 책을 읽어보길 추천합니다.

윤정민(주촌초등학교 교사)

이 책을 고른 독자들 대부분은 '좋은 엄마'가 되고 싶은 분 혹은 '엄마표'에 관심이 있는 분이라고 생각합니다. 그런 분에게 이 책은 육아의 방향성을 제시해주고, 엄마라는 직책에 대한 부담을 덜어주며, 좌절했을 때 다시 시작할 수 있는 디딤돌이 되어줄 거라고 생각합니다. 많은 엄마가 좋은 엄마가 되길 원합니다. 하지만 좋은 엄마가 어떤 엄마인지를 깊게 고민해본 적은 없을 수 있습니다. 이 책은 좋은 엄마의 정답을 알려주지는 않지만, 어떤 엄마가 좋은 엄마인지 스스로 답을 찾게 해줄 겁니다.

이선행(블로그 이웃)

아이를 먹이고 재우는 일이 조금씩 수월해질 즈음부터 '오늘 뭐하고 놀지?'를 항상 고민했습니다. 그때 이 책이 있었더라면 한 장씩 따라 해가며 아이들과 재미나게 놀 수 있었을 거예요. 에너지가 넘치는 아이와 보내는 엄마의 하루에는 누군가의 성공담보다 당장 내 아이에게 적용할 수 있는 실전 노하우가 필요합니다. 이 책은 엄마표 놀이에 교사로서의 전문적인 경험과 조언을 압축해 그대로 전수해줍니다. 아이들과 함께 사랑으로 교감할 준비가 되어 있는 엄마라면 꼭 한 번 읽어보기를 바랍니다.

쑤리(블로그 이웃)

저는 평소 선생님의 블로그 글을 알람 설정해두고 구독하고 있는데, 그동안의 노하우가 모두 집적된 책이 나온다고 하니 가슴이 설레었습니다. 선생님의 두 아들은 초등학교 저학년이지만 벌

써부터 자기 주도 학습을 하는 기특한 아이들입니다. 그 근간에는 어렸을 때부터 엄마와 다양한 책을 읽고 주변을 체험하며 호기심을 키우고, 그 호기심을 공부가 아닌 놀이로 즐겁게 풀어나간 경험이 있다고 생각합니다. 선생님의 교육법은 거창하지 않습니다. 모든 게 아이의 관심사, 궁금증에서 시작되지요. 저 역시 진정한 엄마표는 거창한 학습 계획이 아닌 아이를 관찰하고 따라가는 것에서 시작된다고 생각합니다. 엄마표가 왠지 어렵고 나와는 상관없는 이야기라고 느끼는 분들에게 이 책을 추천합니다. 선생님의 책을 읽어보면 엄마표를 어떻게 진행해야 할지 방향성과 함께 용기를 얻을 수 있을 거예요.

메리윙(블로그 이웃)

아이의 눈에는 궁금한 게 참 많은 세상입니다. 아이의 말을 경청하고 궁금한 걸 함께 찾아가다 보면 엄마표가 어렵지 않다고, 이 책은 알려줍니다. 놀면서 국영수 공부를 할 수 있다면 해보실래요? 200만 원짜리 영어 유치원 대신 아이와 함께 책을 읽고 같이 놀면서 아이 스스로 학습할 수 있는 힘을 길러주는 것은 어떨까요? 이 책을 읽으면 어떻게 아이에게 '지식'을 스며들게 할지, 어떻게 아이가 자신의 인생을 주도해나갈 '지혜'를 얻게 할지 알 수 있습니다. 이 책이라는 길라잡이를 통해 사랑스러운 내 아이의 교육과 놀이에 대한 자신감을 얻기 바랍니다. 추천합니다.

벗도리(블로그 이웃)

"아니, 이렇게 좋은 학원들이 널린 대치동에서 엄마표를 왜 하세요?" "엄마표 그거 얼마 못 가요. 대치동에서 엄마표 하다가 엄마도 지치고 아이와 관계도 틀어지고, 그러다 자녀 교육 망해요." 대한민국 교육특구 대치동에 사는 제가 엄마표 교육을 한다고 하면 옆집 엄마들은 하나같이 제가 무슨 큰 잘못이라도 저지르고 있는 것처럼 이렇게 지적합니다. 그러나 저는 확신합니다. 그 어떤 대치동의 '톱top' 학원이나 공부방도, 내 아이의 오늘 기분과 감정 상태 그리고 아이가 좋아하는 말투를 고려해서 공부를 이끌어줄 수는 없다고요.

아이에게 충분한 독서 시간을 보장해주고 공부가 해볼 만한 것이라는 생각을 심어주려면 엄마표 교육밖에 답이 없습니다. 엄예정 선생님과 함께하는 수학 연구 모임을 통해 제 아이는 수학을 구체물로 만지고 노는, 꽤 재미있는 것으로 받아들이는 중입니다. 엄마표를 하고 싶지만 도대체 엄마표를 어떻게 해야 하는지 고민하고 있다면 이 책을 꼭 봐야 합니다. 비장한 각오나 수백만 원을 호가하는 교구들은 필요 없습니다. 그저 힘을 빼고 이 책에 나온 대로 따라 해보길 바랍니다. 대치동의 수많은 좋은 학원과 과외의 유혹도 뿌리치고 내 아이와 소통하는, 따뜻한 '집 공부'를 해야겠다고 마음먹게 될 겁니다.

세봄이네(블로그 이웃)

나는 왜 엄마표가 재미있을까요?

바야흐로 육아 암흑기

아이를 낳기 전에는 몰랐습니다. 아이를 낳고 기르는 일이 이렇게 고되고 힘든 줄. 순둥이였던 첫째와 달리 예민한 둘째를 키우면서는 나의 밑바닥을 보는 날이 많았습니다. 늘 일찍 출근해 느지막이 퇴근하던 남편은 육아에 큰 도움이 되지 않았고, 아이들은 오로지 제 차지였습니다.

첫째에게 밥해 먹이고 둘째에게 모유 수유하며 이유식을 만들어 먹이고 돌아서면 한숨 돌릴 새도 없이 다음 밥때가 어찌나 빨리 돌아오던지요. 그렇게 보낸 하루하루 끝에 남는 것은 그저 오늘을 잘 살아냈다는 안도감과 함께 또 내일을 잘 살아내야 한다는 압박감이었습니다. 많은 엄마가 그렇듯이, 아이 둘 육아를 오롯이 혼자 하기란 힘들고 벅찬 일이었어요. 주변 친구나 언니들은 다들 "둘째 돌 지나면 괜찮아져. 둘째가 조금 더 크면 할 만해"라고 이야기해주었지만, 그때는 다 새빨간 거짓말처럼 들렸어요. 하루하루 버팀의 육아를 했던 나날이 지나고 차츰 둘째가 말귀를 알아듣자 아주 조금씩 괜찮아지기는 했지만, 여전히 힘들었습니다.

그러던 어느 날, 갑자기 남편이 폭탄선언을 했습니다. "여보, 나 미국에 가서 공부를 더 하고 싶어요." 잘 다니던 직장을 그만두고 미국에 가야겠다는 겁니다. '아내는 늘 피곤에 찌들어 두 아들과 하루를 버티고 있는데 굳이 지금? 왜? 미국이 옆집이니?!' 마음은 정말 내키지 않았지만, 겉으로는 괜찮은 척 도전해보라고 이야기를 해주었답니다. 남편은 서류 제출이니 온라인 면접이니 하며 바쁜 나날을 보내더니, 2016년 추석에는 기어코 뉴욕에 가서 면접을 보고 왔습니다. 얼마간의 시간이 더 흐르고, 합격을 한 남편을 보고 있자니 오만 가지 생각이 들더군요. '내년에는 나도 복직하려 했는데.' '나 영어도 한마디 못 하는데 큰일 났다.' '미국에 가서 어떻게 살지?' 걱정 한가득 한숨만 쉬던 제 옆에서 남편은 일사천리로 미국에 갈 준비를 했습니다.

2017년 4월 28일. 친정 부모님과 남동생의 배웅을 받으며 5살, 3살 두 아들의 손을 잡고 뉴욕행 밤 비행기를 탔습니다. 저의 건강 문제로 그 전 3개월 동안 떨어져 지냈던 남편과 JFK공항에서 마주하는 순간 저도 모르게 왈칵 눈물이 쏟아지며 안도의 한숨이

터져 나왔습니다. 하지만 그것도 잠시, 장소만 바뀌었을 뿐 육아는 여전히 제 몫이었습니다.

육아의 터닝포인트

"엄마, 놀아줘." 엄마들이 가장 무서워하는 말 중 하나이지요. 저 역시 그랬습니다. 매일 똑같은 일상 속에 말도 통하지 않는 곳에서의 육아라고 별반 다르지 않았습니다. 오히려 한국이었다면 기관의 도움도 받을 수 있고 급할 때 기댈 친정 부모님의 손길도, 수다 떨 친구들도 가까이 있어 숨 쉴 틈이 있지 않았을까 생각해 봅니다. 말이 좋아 뉴욕이지 실상 한국에서 흔한 반찬 가게와 배달 음식은 상상조차 할 수 없는 곳이었기에 삼시 세끼 밥을 해 먹고 아이들 간식에 남편의 점심 도시락까지 싸면서, 밥으로 시작해 밥으로 끝나는 나날이었습니다. 눈뜨면 반복되는 일상 속에 남편이 출근하고 나면 두 아들과의 하루는 어김없이 시작되었지요. 제법 형아 티가 나는 5살 은택이와 이제 막 말문이 터진 손이 많이 가는 3살 윤택이와의 매일은 '먹고 놀기'가 전부였습니다.

여기에서 저의 두 아들 육아는 터닝 포인트를 맞이하였습니다. 말도 통하지 않는 곳에서 우리 셋이 할 수 있는 것이라고는 신나게 노는 것뿐이었으니까요. 가족에게만 온전히 집중할 수 있었던 환경 덕분에 저는 아이들과 함께 즐기며 시간을 보내기 시작했습니다. 처음에는 마냥 부담스럽기만 했던 '아이들과 놀아주기'가 어느새 '같이 놀기'로 바뀌면서 노는 것이 재미있어졌습니다. 제가 무엇인가를 알려주기 위해서 수업을 준비하는 마음으로 놀이를 대했다면, 저는 지레 포기하고 놀이에서 진작 손을 떼버렸을지도 모릅니다. 하지만 엄마의 눈높이가 아닌 5살, 3살 두 아들의 눈높이로 세상을 바라보니 온통 신기하고 즐거운 것투성이였어요. 생각을 바꾸자 차츰 부담감도 사라지고 저부터가 그 시간을 즐기게 되었습니다. 남편이 출근했다 돌아오기까지의 10시간 남짓, 아이들과 오롯이 얼굴을 마주 보고 살을 맞대며 "오늘은 뭘 하고 놀까?" 하는 기대감으로 하루를 시작하게 되었습니다.

거창하지 않았던 엄마표 놀이의 시작은 함께 책을 읽고 밖으로 나가 책에서 본 세상을 더 넓게 보여주는 것이었습니다. 개미에 대한 책을 읽고 나면 돋보기loupe를 챙겨 들고 산책을 나가서는 줄지어 가는 개미를 한참 관찰하고, 개미집이라도 발견하는 날이면 셋이 호들갑을 떨어가며 소리 지르고 박수를 쳤습니다. 산책을 마치고 집으로 돌아오면 다시 책을 펴들고 밖에서 보았던 개미를 그림으로 그려보기도 하고 개미집 이야기를 하며 시간을 보냈습니다.

그러다 보니 언젠가부터 잠자리에 누우면 '내일은 아이들과 무엇을 하고 놀지?' '이런 걸 같이 해보면 어떨까?' 하는 생각들이 자라나기 시작했습니다. 그때부터 밤마다 아이들이 잠들고 나면 노트북을 켜고 낮에 아이들과 놀면서 나누었던 대화를 복기하며 아이들이 궁금해했던 부분과 관련된 자료들을 찾아보았습니다. 흔히들 이야기하는 '엄가다(엄마 노가다)'를 시작한 것이지요.

아이들은 아이들대로, 시간이 지나자 "엄마, 우리 이렇게 해보면 어때요?"라며 먼저 놀이를 제안하기 시작했습니다. "윤택아, 우리 이렇게 놀자." 아이들끼리 차츰 생각을 맞대며 새로운 놀이를 만들고, 어제 했던 놀이에 살을 붙여가며 또 다른 놀이를 만들어내기도 했습니다. 아이들은 자연스럽게 엄마가 시작한 놀이 안으로 들어와 어느새 주인이 되었고, 놀이의 즐거움을 발견하고 몰입을 경험하게 되었습니다.

"당신 지금을 즐기는 거 같아."

매일 밤 아이들을 재워놓고 '내일은 무엇을 하며 놀까?' 생각하는 저를 곁에서 지켜보던 남편이 어느 날 묻더군요.

"당신 지금을 즐기는 거 같아. 재미있어요? 힘들지 않아요?"

"웅, 재미있어요. 재미없으면 못하지."

만약 누가 억지로 시켜서 했다면 시작도 못했을 거예요. 물론 저도 처음에는 어렵게 느껴지고 힘들었지만, 막상 해보니 재미가 있었어요. '아이와 놀아준다'는 마음보다 '함께 재미있게 놀자'라고 생각해보세요. 부담은 줄고 마음이 한결 편해지실 거예요. 시작은 마음에 있습니다.

혹시 아이와 놀아주겠다며 마주 앉아 눈으로는 스마트폰을 보며 아이에게 영혼 없이 대답하신 적 있으신가요? 저도 놀아달라는 아이에게 "이것만 해놓고 놀자. 이따 놀자" 하고 너무 쉽게 거절했던 적이 있습니다. 하지만 함께 놀기의 재미를 알고 난 이후부터는 아이들과 함께하는 시간에 집중했고, 그 시간은 우리가 같이 성장하는 원동력이 되었습니다. 함께 즐겼던 시간의 힘은 엄마와 자녀라는 관계를 넘어 서로가 서로에게 코칭을 해주는 관계로 확장이 되었고, 항상 우리 사이에 끈끈한 무언가가 있음을 믿기에 엄마표뿐 아니라 형제 육아가 편해지게 되었습니다. 이러한 결과는 엄마가 목표로 정해놓고 아이들을 몰아간다고 해서 얻어낼 수는 없었을 것입니다. 하루 10분이라도 아이와 함께하는 시간에 흠뻑 빠져들어보세요. 함께하는 재미를 느끼면 엄마표가 쉬워지실 거예요.

차례

Chapter 1   놀면서 배우는 우리 집 놀이터

Chapter 2   언어 감각을 키우는 엄마표 영어 놀이

Chapter 3   모든 것이 과학! 호기심을 키우는 엄마표 과학 놀이

Chapter 4　## 놀면서 저절로 배우는 엄마표 수학 놀이

Chapter 5   현명하고 똑똑하게, 엄마표 유튜브 놀이

Chapter —— 1

놀면서 배우는
우리 집 놀이터

시작은 아이들의 '이것'에서부터

"엄마, 이게 뭐예요?" 세상에 태어나 모든 것이 신기한 아이들은 묻기 시작합니다. 아이의 질문은 세상을 받아들이는 본능이라고 생각합니다. 아이가 자라며 그들의 세상이 커지는 만큼 질문도 다양해지지요.

하루에도 몇십 번씩 반복되는 질문 세례가 힘드시지요? 이것저것 물어보는 아이가 귀엽고 사랑스러워서 친절히 답해주다가 반복되는 질문에 울컥 화가 올라온 적도 있으실 테고요. 아이의 질문에 정답을 말해줘야 할 것 같은 부담감도 있으셨지요. 저 또한 초보 엄마 시절에는 아이의 모든 질문에 정답을 알려줘야 한다는 생각에 부담스러웠습니다. 계속되는 질문에 지쳐 "이제 그만 물어봐"라고 역정을 냈던 적도 많답니다. 하지만 바로 이 아이들의 질문만 잘 활용한다면 엄마표 놀이를 즐겁게 시작할 수 있습니다.

"달이 왜 노란색이에요?"

어느 겨울, 차를 타고 집으로 돌아오며 당시 4살이었던 은택이가 질문했습니다. "엄마 눈에도 노란색으로 보이는데 은택이는 아니야?"라고 되물었습니다. "이상하다. 아까 낮에 본 달은 하얀색이었는데 밤에는 왜 노랗게 보이는 거지?"

과학 교사인 저는 여기에 무엇이라고 답을 했을까요? 그날 차안에서 바로 정답을 말해주지 않았습니다. 도리어 "정말 그렇네, 왜 그럴까?"라고 아이에게 다시 질문을 했습니다.

그 질문을 시작으로 아이와 함께 달과 태양에 대한 놀이를 해봤어요. 셀로판지와 휴지 심, 스마트폰을 이용해서 빛의 삼원색과 합성을 살펴보는 놀이였습니다. 휴지 심 3개에 각각 빨간색, 파란색, 초록색 셀로판지를 대고 고무줄로 묶은 다음 스마트폰의 손전등 기능을 이용해서 휴지 심에 비춰보는 거예요. 빛이 하나일 때보다 2가지 빛을 합성했을 때, 3가지 빛을 합성했을 때 점점 더 밝아지는 것을 눈으로 볼 수 있어 아이들이 굉장히 신기해한답니다.

이 놀이가 끝난 후 아이와 함께 책을 찾아보면서 달은 스스로 빛을 내지 못하고 태양 빛을 반사해서 태양의 색인 노란색으로 보인다는 사실을 확인했습니다. 저는 아이에게 어둡고 깜깜한 밤하늘에 보이는 달은 태양 빛을 반사해 노란색이지만, 낮의 파란하늘에 떠 있는 달은 노란 달빛이 파란 하늘을 통과하면서 우리 눈에 하얗게 보인다는 것을 셀로판지 놀이와 연관 지어 이야기해 주었습니다.

아이에게 과학적인 사실을 모두 알려주겠다는 기대와 욕심은 애초에 부리지 않았어요. 4살 아이는 모든 것을 이해하고 받아들이기에는 아직 어리니까요. 그것보다 아이가 궁금해하는 것을 같이 찾아보고 질문하는 과정을 중요하게 생각했어요. 이렇게 엄마와 함께한 시간과 그날의 느낌과 분위기, 대화의 내용은 아이를 또 다른 놀이의 세계로 빠져들게 하는 출발점이 되었습니다. 그날 이후 은택이의 궁금증은 태양계와 우주로 뻗어나갔고, 은택이는 한동안 우주에 빠져 책과 영상 등을 스스로 찾아보았답니다.

아이의 호기심에서 출발한 질문을 정답으로 마무리 지으려 하지 마시고 놀이의 출발점으로 생각해보세요. "엄마, 이건 왜 그래요?"라는 아이의 질문에 "왜 그럴까?"라고 엄마도 질문을 던져보는 겁니다. 간단한 대답이지만, 이를 통해 정답 없이도 아이의 흥미를 꺼뜨리지 않고 대화를 이어나갈 수 있답니다. 엄마와 함께 질문하고 답을 하는 과정에서 세상에 대한 아이의 호기심은 더 자랄 것입니다. 그 후에 아이와 함께 관련 책을 읽고 자료를 검색해보며 정답을 찾아가도 늦지 않습니다.

아이와 뭐 하고 놀아야 할까 고민하지 마시고 아이의 질문을 귀담아 들어주세요. 우리 아이가 말해줄 것입니다. 저는 아이들이 무언가를 물어볼 때 제가 바로 답을 해주기 어렵거나 함께 찾아보고 싶은 질문일 경우, 메모장에 적어두었다가 한가한 주말에 아이들과 함께 이야기를 나누고 책이나 유튜브 영상을 찾아봅니다. 아이의 질문에 즉시 정답을 제시해야 한다는 부담감을 내려놓는다면 질문에서 출발하는 놀이를 쉽게 시작하실 수 있을 거예요.

엄마는 아이의 관찰자

아이들이 5살, 3살 무렵 지인 집에 초대받아 간 적이 있습니다. 그날 8살 형의 방에서 레고 닌자고를 처음 본 아이들은 완전히 마음을 빼앗기고 말았지요. "엄마, 오늘 세준이 형 방에서 본 닌자고 레고 진짜 멋있었어요. 저도 레고 닌자고 사주세요! 갖고 싶어요." 집으로 돌아오는 차 안에서도 연신 닌자고 이야기였습니다. 아이들은 그때부터 닌자고 시리즈에 푹 빠져들었어요. 도서관에서 닌자고 관련 책들을 빌려오는 것으로는 성에 안 찼는지 캐릭터 책을 사달라고 졸랐어요. 엄마가 보기에는 별 볼 일 없는 책인데 비싸기는 또 왜 그리 비싼지 내키지 않았지만, 아이들 성화에 못 이겨 주문했답니다. 며칠을 기다리다 책이 도착하자마자 환호성을 지르며 폴짝폴짝 뛰는 아이들을 보고 있자니 '이게 뭐라고 저렇게 좋아할까?' 싶어 웃음이 났어요. 그날 이후로 둘이 앉아서 책을 들춰보며 캐릭터를 분석하고 이야기를 만들어내면서 레고 부품으로 창작하며 시간을 보냈답니다. 그때 그 책은 두 녀석이 하도 많이 봐서 너덜너덜해졌지만, 아이들의 추억이 고스란히 묻은 손때와 함께 여전히 책장에 있답니다.

그 후 영어책 독후 활동 놀이에서, 아이들이 좋아하는 닌자고 캐릭터들을 활용해보았어요. 좋아하는 것으로 엄마랑 함께 놀았기 때문일까요, 반응은 생각했던 것 이상으로 폭발적이었습니다. 아이들과 색깔에 관한 영어책을 읽을 때였어요. 은택이가 "엄마, 로이드는 초록색이에요. He is a Green Ninja"라며 옆에 있던 닌자고 캐릭터를 들어 보였어요. 그러자 둘째도 질세라 "I Like Red. Kai is a Red Ninja" 하더군요. 아이들이 좋아하는 캐릭터와 색을 짝지으며 자연스럽게 색깔을 나타내는 영어 단어를 익혀 나가는 모습을 볼 수 있었어요.

그때부터는 아이가 좋아하는 것을 유심히 관찰했다가 엄마표 놀이를 할 때 슬쩍 끼워 넣어보았어요. 역시나 예상대로 아이는 빠르게 놀이에 빠져들고 스스로 확장해나가며 노는 모습을 보여주었습니다. 저는 엄마표를 시작할 때만 해도 막막한 마음에 검색도 많이 하고 관련 책들도 일부러 찾아 읽고는 했습니다. 하지만 제가 얻은 결론은 책이나 인터넷 세상에 있는 자료들이 방법은 제시해줄 수 있지만, 결국 방향은 내 아이에게 있다는 것이었습니다.

어떤 일을 지속하려면 무엇이 가장 중요할까요? 싫은데 억지로 하는 일은 계속하기도 힘들뿐더러 쉽게 그만두고 싶어지잖아요. 아이의 놀이도 마찬가지라고 생각합니다. 노는 것이 재미있어야 놀이가 지속될 수 있어요. 내가 좋아하는 것을 가지고 엄마와 함께 놀 수 있다! 아이에게 이보다 큰 즐거움이 또 있을까요. 아이가 좋아하는 것이 무엇인지 오늘부터 관찰해보세요.

아이가 자동차를 좋아하는지 공룡을 좋아하는지, 어떤 색의 자동차를 좋아하는지를 알고 있다면 엄마표 놀이에 접목하기 좋아요. 우리 아이가 무엇을 좋아하고 어떤 놀이를 혼자 즐겨 하는지 관찰하다 보면 엄마표 놀이를 시작할 단서를 얻을 수 있답니다.

저는 책이나 영상 등을 이용해서 아이들의 질문과 궁금증을 아이들의 시선에서 함께 해결해보려 했고, 아이들이 무엇을 좋아하고 어떤 것에 관심이 있는지 파악하려고 노력했습니다. 그 시간들이 지나고 보니 알았습니다. 우리는 재미있게 놀았구나! 단지 어떤 결과물을 바라고 했다면 금방 지쳤을지도 몰라요. 아이들과 6년째 놀이를 해온 원동력은 바로 '재미'였고, 저는 바로 그 재미를 위해서 아이의 '질문'과 '관심'을 따라갔습니다.

엄마가 관찰자가 되어 내 아이를 유심히 살피고 아이의 관심사와 성향, 좋아하는 것들을 파악해보세요. 아이의 질문에 질문으로 대응하며 호기심을 유지시켜주세요. "엄마, 놀아주세요"라는 말이 더 이상 무섭지 않을 거예요. '뭐 하고 놀아야 하지?' 고민하는 시간이 줄어들 거예요. 엄마가 주도적으로 이끌어가는 것이 아니라, 아이가 제시해주는 방향을 따라가는 것이 엄마표 놀이의 첫 단추입니다.

나 홀로 육아가 아닌 함께의 힘

"엄마표 책 육아 함께해요."

자주 가는 교사 커뮤니티에 용기를 내어 글을 작성하였습니다. 그렇게 비슷한 또래, 2살 터울의 형제나 자매를 키우는 뜻이 맞는 분들과 소모임을 시작하게 되었습니다. 온라인 모임이다 보니 소통의 창구로 네이버 카페와 카카오톡 채팅방을 만들어 운영했어요. 처음에는 시행착오도 겪었지만, 꾸준히 함께하며 집단 지성을 통해 우리들만의 방법과 규칙을 만들게 되었습니다. 카페에 주 3회 이상 글을 쓴다는 규칙을 정하고 하루 놀이, 잠자리 독서 시간에 아이에게 읽어주었던 책, 아이와 함께 가보면 좋은 곳, 가성비 좋은 장난감이나 교구 추천 등 다양한 이야기를 함께 나누었습니다. 다른 엄마는 아이와 어떻게 놀아주고 어떤 책을 읽는지,

아이들이 재미있어하는 책이 무엇인지 알 수 있어 좋았습니다. 무엇보다 공통의 관심사를 가진 이들과 마음을 나눌 수 있다는 것만으로도 먼 미국에서 홀로 육아를 하는 제게는 큰 힘이 되었습니다. 카페에 올린 글에 댓글로 소통을 하고 궁금한 것은 채팅방에 물어보며 하루의 많은 것을 나누었습니다. 그렇게 2017년에 시작했던 온라인 소모임은 2019년까지 진행되었답니다.

'빨리 가려면 혼자서 가고, 멀리 가려면 함께 가라'는 아프리카 속담이 있습니다. 그만큼 힘이 되는 누군가가 곁에 있다면 우리는 힘든 일이라도 끝까지 해낼 수 있습니다. 대부분의 엄마들이 엄마표 육아를 처음 시작할 때는 의욕이 충만해서 굉장히 열심히 해줍니다. 하지만 시간이 조금 흐른 뒤 보면 "오늘은 엄마가 바쁘니 다음에 하자", "오랜만에 외출하는 날인데 하루만 건너뛰지 뭐", "이것만 해놓고 엄마랑 놀자(사실 그걸 끝내고도 함께 놀지 않을 거면서)" 이렇게 넘어갔던 경험들이 있지 않나요? 저 또한 마찬가지였습니다. 처음 마음을 먹었던 날과는 다르게 자꾸만 타협하게 되고 핑계를 대는 저를 보게 되었습니다. 강제성이 부여되면 어떻게든 끝까지 해내려 하는 제 성향상, 온라인 소모임을 운영하면서 비로소 엄마표 육아를 꾸준히 할 수 있게 되었습니다. 매일 밥을 먹듯 아이들과 책을 읽고 이야기를 나누는 것이 편안해졌습니다.

이렇게 '엄마표 책 육아'로 시작했던 소모임이 조금씩 자리를 잡아갈 즈음 그런 생각이 번뜩 들었습니다. '밖에 나가면 온통 영어인 이 환경을 잘 활용해서 아이들이랑 영어를 함께 해보자!' 그때부터 엄마표 영어에 관련된 책들을 읽기 시작했습니다. 대다수의 책에서 영어 동화책을 읽어주는 것과 영어 만화 영상을 보여주는 것, 이 2가지를 '듣는 귀'를 뚫는 가장 중요한 방법으로 꼽는다는 점을 파악했습니다. 하지만 이 역시 혼자 힘으로는 흐지부지될 것 같아 '엄마표 영어 소모임'을 모집했지요. 2017년 10월에 시작했던 엄마표 영어 소모임은 중간에 멤버가 바뀌기는 하였지만 2019년 말까지 지속되었습니다.

"여보, 아이들이랑 놀이하는 거 블로그에 정리해서 올려보면 어때요? 너무 재미있어 보이는데, 나 혼자만 보기 아깝네." 미국에 있을 당시 엄마표 놀이를 하는 모습을 옆에서 지켜본 남편이 제안했을 때 저는 단칼에 거절했어요. 블로그에 글을 쓰는 사람들은 특별한 사람들이라고 생각했거든요. 시간이 흘러 2020년 초, 코로나로 밖에 나갈 수도 없으니 답답하고 자꾸만 우울해지는 저를 다독이기 위해서 무작정 블로그에 글을 쓰기 시작했습니다. 아이들과 함께 했던 놀이를 글로 정리할수록 예전의 추억도 떠오르고, 자녀 교육에 대해 다시 한 번 생각해보게 되어 지금까지도 엄마표 영어, 수학, 과학, 독서, 가베 놀이, 교육 칼럼 등을 블로그에 쓰고 있습니다.

그러다 보니 어느새 이웃분들이 많이 늘었습니다. 제가 블로그에 올린 엄마표 놀이와 학습을 가이드 삼아 따라 해보시고 고맙다는 댓글을 남기는 분들이 많았어요. "선생님, 저는 수포자 엄마예요"라고 시작하는 댓글에서는 엄마의 고민과 함께 그 기저에

깔린 초등 수학에 대한 큰 불안감을 보았어요. '엄마들이 다들 자녀 교육에서 똑같은 고민을 하고 있구나. 함께 해보면 어떨까?'라는 생각을 하게 되었습니다.

학교 일로 바쁘고 정신없는 나날을 보내는 틈틈이 고민을 하던 끝에 '엄마표 수학 연구 모임'을 모집했습니다. 처음 모집 글을 올린 날, 제 예상보다 많은 분이 관심을 갖고 신청을 해주셨어요. 하지만 제 깜냥을 벗어나는 큰 규모의 모임은 할 수 없었기에 죄송한 마음으로 서둘러 모집을 마감했던 기억이 납니다. 2022년 초등학교 1학년이 된 둘째의 연령에 맞춰 비슷한 나이의 자녀를 둔 엄마들과 함께 '어떻게 하면 수학을 재미있게 놀이처럼 할 수 있을까?', '수학에 대한 자신감과 긍정적인 수학 정서를 갖게 해주려면 어떻게 해야 할까?'를 고민하면서 수학 놀이를 하고 있습니다. 모임에서는 엄마들과 수학 놀이의 경험과 시행착오를 나누는 한편 초등 수학 로드맵에 대한 온라인 강의나 수학 관련 도서를 함께 읽고 이야기합니다.

코로나로 인하여 집에 머무는 시간이 늘어난 요즘, 아이와 하루 종일 한 몸일 수밖에 없어 많이 힘드셨지요? 하루 세 끼 밥 차려 먹이는 것도 힘든데 놀이는 사치처럼 느껴지시고요. 하지만 어쩔 수 없는 상황을 탓하고만 있기보다는 현명하게 잘 활용해보셨으면 합니다. 마음이 맞는 동네 친구를, 혹은 저처럼 용기를 내어 온라인 커뮤니티에서 함께할 동지를 찾아보는 건 어떨까요? 엄마표 교육, 엄마표 홈스쿨링과 관련된 카페와 블로그는 많고, 저는 실제로 그 안에서 함께 프로젝트를 진행하는 경우를 종종 보았습니다. 직접 사람을 모집하고 모임을 운영하는 것이 힘들다면 누군가가 운영하는 모임에 가입하는 것도 좋은 방법이라고 생각합니다.

완벽하기보다 현실적으로

"엄마표 영어에 수학 놀이도 모자라 퇴근해서 과학 실험도 같이 하는 것이 가능해요? 몸이 도대체 몇 개예요?" 제가 아이들과 함께 하는 놀이를 알게 된 사람들의 공통적인 첫 반응입니다.

'에너지 보존 법칙'이라고 들어보셨죠? 자연계에서 일어나는 모든 현상을 보면 에너지의 형태는 변하더라도 에너지의 총량은 언제나 일정하게 보존이 됩니다. 즉 모든 사물은 정해진 총량을 벗어나 존재할 수는 없다는 의미로, 이는 인간의 삶에도 적용된다고 생각합니다. 엄마의 에너지 총량도 정해져 있기 때문에, 엄마가 육아에 쓸 에너지도 적절히 조절을 해야 합니다. 살림, 요리, 놀이, 교육, 일, 이 모든 것을 다 잘할 수는 없잖아요. 자신의 상황에 맞게 선택하고 집중하는 과정이 필요하다고 봅니다.

저는 아이들과의 놀이를 선택하고 여기에 집중하여 시간을 많이 보냈어요. 그 대신 청소는 대충대충 로봇청소기의 힘을 빌리거나 주말에 남편과 같이 했고, 빨래는 모았다가 한 번에 빨아 널고, 반찬도 지역 식자재를 사용하는 곳에서 일주일에 한 번씩 배달시켜 먹으며 집안일에 많은 에너지를 쓰지 않았습니다. 제가 복직해서도 엄마표 놀이를 계속 진행했는데, 오랜 휴직 후에 돌아온 학교에 적응하자니 쉽지 않더군요. 그래서 얼마간 엄마표 놀이는 최소화하고 학교와 일에 적응하는 것을 최우선으로 삼기도 했습니다. 그때그때 상황에 맞게 저의 에너지를 나누고 조절하면서 일과 육아 사이에서 균형을 맞추려 노력했습니다.

다 잘해야 한다는 마음을 버리고 내가 할 수 있는 것부터, 내가 중요하게 생각하는 것부터 시작해보시라고 말씀드리고 싶습니다. 에너지를 적절히 쓰며 강약을 조절해보세요. 모든 것을 다 잘하는 사람이란 없으니, 다 잘하려고 하지 마세요. 병나요.

결혼 후 연고도 없는 지역에서 아이를 키우고 있는 분들도 많을 테고, 코로나로 인해 마음 나눌 상대를 적극적으로 만나기가 더욱 어려워진 시대이지만 모든 것이 온라인상에서는 충분히 가능합니다. 시간과 장소의 구애를 받지 않고 공통의 관심사가 있는 분들과 소통하며 함께한다면 나 홀로 육아가 아닌 '함께의 힘'을 느끼실 수 있을 겁니다. 함께하면 더 오래 할 수 있습니다. 함께하면 힘들어 포기하고 싶을 때 마음을 다잡을 수 있습니다. 용기를 내보세요. 그리고 다가가보세요. 용기 있는 자가 기회를 얻을 수 있어요. 망설이다 버스 떠나고 발 동동 구르지 마시고, 마지막에라도 올라탄 버스에서 손잡이 꼭 잡고 내리지 말고 함께 가세요. 처음부터 끝까지 완벽하게 하려 하지 마시고, 선택과 집중을 통해 내가 할 수 있는 선에서 조금씩 실천해보세요. 마음처럼 잘 되지 않고 부족한 것투성이여도, 짧은 시간이나마 그때그때 나의 최선을 다해 꾸준히 아이와 함께 보낸 시간들은 결국 쌓여서 나와 아이의 성장이란 결실로 돌아올 거예요.

놀다 보니 저절로 되는 초등 준비

"엄마, 파란색 책가방 저한테 잘 어울리죠?"

함께 고른 책가방과 필통, 필기구를 눈에 보이는 곳에 두고서 가방 메고 학교 가는 모습을 상상하는 것만으로도 즐거워 보였던 은택이는 2020학년도 코로나 입학생입니다. 아이는 병설 유치원 졸업식을 마치고 설레는 마음으로 초등학교 입학식을 손꼽아 기다렸습니다. 하지만 코로나로 입학식도 못 한 채 집 안에서만 있었던 3월과 4월, 설렘은커녕 '학교를 갈 수는 있을까' 걱정하며 하루하루를 보내야 했습니다.

그러다 드디어 맞이한 2020년 4월 20일 개학 이후, 은택이는 한 주에 2, 3일씩 퐁당퐁당 등교했습니다. 마스크를 쓴 채, 이동 수업과 모둠 학습 금지라는 규정에 따라 하루 종일 교실에서 제한된 수업 활동을 했기 때문에 저로서는 은택이의 학교 적응은 물론이고 건강에 대한 걱정이 많았습니다. 모둠과 짝꿍이 사라진 교실에는 가림막과 일렬로 늘어선 책상이 그 자리를 차지했고, 학생들은 종일 마스크를 쓰고 학급 친구 전체를 알지 못한 상태로 1년을 보내야 했지요. 아직도 끝나지 않은 코로나로 학교 적응 및 학습의 격차가 가장 많이 발생한 학년이 첫 단추가 잘못 끼워진 2020년 입학생이지 않을까 싶습니다. 그리고 저는 아이러니하게도, 이렇게 힘든 상황에서 아이가 학교에 적응하는 모습을 지켜보면서 어릴 때부터 함께 했던 놀이의 힘을 몇 배로 절감하게 되었습니다.

놀이로 길러진 경청의 힘

초등학교부터는 교육기관으로 분류되는 만큼, 놀이 중심의 유치원 교육과 다르게 아이들은 수업 시작종이 울리면 책상에 앉아서 수업을 들어야 합니다. 어제까지는 유치원생으로 세심한 돌봄을 받았던 천방지축 8살 아이들이 일정 시간 동안 선생님의 말을 오롯이 들으며 수업 활동에 참여해야 하지요. 이때 중요한 능력이 바로 '경청'이라고 생각합니다. 선생님과 친구들의 말을 귀 기울여 듣는 대화의 기본자세이지요. 하지만 경청은 하루아침에 길러지는 능력이 아닙니다. 어린 시절부터 부모님이 아이의 이야기를 온전히 들어준 경험을 통해서 비로소, 타인의 이야기에 귀를 기울이고 대화를 나눌 수 있는 아이가 되는 거라고 생각합니다.

우리도 누군가와 대화를 나눌 때 상대방이 보여주는 따뜻한 눈맞춤과 맞장구에 마음을 더 열게 되잖아요. 이처럼 경청은 오히려 말하는 것보다 더 적극적인 소통의 방법이며 사람의 마음을 움직인다고 생각합니다. 제가 교사로서 많은 학생을 만나온 경험을 돌이켜봐도, 수업 시간에 교사를 바라보고 귀를 기울여 잘 들으며 대답이나 끄덕임, 미소 같은 비언어적 메시지를 보내주는 학생에게 아무래도 눈길이 오래 머물게 되더군요. 하지만 상대방의 이야기를 경청하는 학생들은 많지 않은 것이 현실입니다.

초등학교를 넘어가면 듣기 능력은 더욱 중요해집니다. 공식적인 시험이 없는 초등학교부터 중학교 1학년까지는 그 위력을 실감하지 못하지만, 중학교 2학년이 되어 첫 중간고사를 치르고 나면 학생들은 많이 체감하게 됩니다. "이거 수업 시간에 선생님이 중요하다고 말씀해주신 거잖아. 앞으로 수업 시간에 더 집중해서 잘 들어야겠다." 앉아서 경청하는 아이들은 자연스럽게 수업 시간 중 선생님 그리고 친구들과의 활동에 참여도가 높으며, 학습에 대한 흥미도 올라갑니다. 결국은 공부에 대한 호감도가 상승하는 긍정적 선순환이 일어나 다음 수업 시간에도 더 잘 참여하게 됩니다.

"은택이는 집중력이 좋고 수업 시간에 바르게 앉아서 참여합니다. 8살 남자아이들은 보통 코로나 이전에도 수업 시간에 온전히 앉아 있는 것을 힘들어했거든요. 은택이는 교사의 말을 끝까지 주의 깊게 듣고 수업에 대한 참여도 높습니다." 초등학교 1학년 2학기 담임 선생님과의 상담에서 이 말을 듣고, 저는 놀이를 하며 경청하는 습관을 기른 것이 아이의 학교생활에 큰 도움이 되었음을 알게 되었습니다. 아이들이 어렸을 때부터 함께 놀이를 할 때면 대화를 많이 나누었어요. 그러면서 다른 사람의 말을 들을 때는 상대의 말이 끝날 때까지 눈 맞춤을 하면서 이야기를 귀담아들어야 한다는 것을 몸으로 익히게 했습니다. 놀이를 하다 보면 아이들의 궁금증이 책으로 확장되었기에, 매일 아이들에게 책을 읽어주고 책에 나온 내용을 가지고 서로 이야기를 나눈 것 역시 아이들의 듣기 능력을 향상시켜주었습니다.

집중력으로 이어지는 엉덩이 힘도

초등학교 수업 시간은 40분으로, 유치원과 비교했을 때 한 번에 집중해야 하는 시간이 늘어납니다. 수업은 보통 교사가 설명하고 안내하는 시간과 학생들이 듣고 활동하는 시간으로 나누어 진행됩니다. 아이가 오롯이 40분간 집중하기란 매우 힘들겠지만, 최소한 선생님이 수업 내용을 설명해주는 동안은 바르게 앉아 집중해야 합니다. 아이들마다 다르겠지만 입학을 앞두고 있다면 적어도 20분 정도는 바르게 앉아서 활동에 집중하는 능력이 필요합니다. 이것은 추후 수업 시간이 늘어나는 중·고등학교에 가서도 큰 영향을 미칩니다. 초등학교 때보다 늘어난 학습량과 시험 진도로 활동하는 시간이 많이 축소되고 교사의 설명 시간이 더 길어지기 때문입니다.

아이들이 놀이에 푹 빠져들면 밥때도 모르고 몰입해서 하는 모습을 종종 보셨지요? "거기까지만 하고 밥 먹고 하자." 한창 레고 조립과 종이접기에 빠져 있던 두 아이에게 제가 자주 했던 말입니다. 집중력은 학습 활동을 통해 길러지기도 하지만 아이가 어릴수록 생활 속에서 놀이 활동을 통해 더 많이 키워진다고 생각합니다. 색종이 접기, 레고 조립, 그림 그리기, 블록 놀이 등을 하며 엉덩이 힘을 기른 아이들이라면 집중력도 절로 자라 있을 겁니다.

저는 아이들과 같이 집에 있는 각종 블록을 맞추거나 좋아하는 곤충을 그려보기도 하고 다양한 재활용품을 이용해 직접 가지고 놀 수 있는 장난감을 만들며 놀았습니다. 좋아하는 것을 가지고 엄마와 함께했기 때문에 아이들은 시간 가는 줄 모르고 즐겼습니다. 이런 놀이 습관을 통해 자연스럽게 길러진 집중력 덕분에 11살 첫째와 9살 둘째는 학습 활동을 하며 집중을 해야 할 때 힘들어하거나 지루해하지 않습니다.

놀이의 모든 과정에 아이를 참여시키세요

초등학교부터는 사물함과 책상 서랍에서 자기의 물건을 찾아서 꺼내고 직접 정리해야 합니다. 책상 위 먼지를 닦는 일, 급식을 먹고 식판을 정리하는 일, 이번 시간에 배운 교과서를 정리해 넣고 다음 시간에 배울 교과서를 꺼내는 일, 미술 활동을 마치고 책상과 주변을 정리하는 일 등 그동안 엄마와 유치원 선생님이 챙겨주던 많은 것을 이제는 아이가 스스로 해야 합니다. 초등학교 교실에서 선생님 한 명이 다수의 아이들을 유치원생처럼 일일이 챙겨줄 수도 없고, 챙겨주기를 바라서도 안 됩니다. 초등학교 입학 전, 아이 스스로 할 수 있도록 부모님이 미리 연습을 시키고 도와주셔야 할 부분이라고 생각합니다.

엄마표 놀이를 한다고 하면 준비부터 놀고 정리하기까지 모든 과정을 엄마 혼자 해야 한다고 여겨, 시작하기도 전에 한숨부터 쉬며 힘들다고 하시는 분들을 많이 보았습니다. 저는 항상 놀이의 모든 과정에 아이들을 참여시켰습니다. 아이들이 오늘 하고 싶은 놀이가 있다고 이야기해주면, 어떤 재료가 필요할지부터 같이 의논하고 첫째와 둘째도 본인들이 할 수 있는 것들을 각각 준비하게 해서 함께 놀았습니다.

"Time to clean up! Everybody clean up." 놀이 후 엄마의 노랫소리가 들리면 셋이 함께 정리를 시작했습니다. 놀이하며 꺼내 놓았던 재료들을 제자리에 가져다 놓고, 바닥에 어질러진 도구들을 함께 치운 다음 미니 청소기와 물티슈로 청소까지 함께 했습니다. 엄마가 모든 과정을 다 해야 했다면 저 역시 힘들어서 금세 포기했을지도 모릅니다. 그러는 대신 저는 아이들에게 작은 역할을 부여하고, 스스로 할 수 있도록 알려주고 격려해주었습니다.

우리 부부는 아이들에게 스스로 하는 습관을 길러주면 결국에는 스스로 공부하는 습관으로 발전할 것이라고 믿었기에, 아이들이 서툴고 느려도 재촉하지 않고 지켜보며 응원해주었습니다. 어릴 때부터 꾸준히 놀이의 모든 과정에 참여시키는 것 이외에 자고 일어난 이부자리 정리하기, 밥 먹고 개수대에 그릇 넣기, 분리수거와 청소 함께 하기 등 기초적인 생활습관 면에서도 스스로 하도록 했습니다. 이런 과정이 아이들을 스스로 할 수 있는 어린이로 성장시켰습니다.

아이의 초등학교 입학이 다가오니 어느 정도로 학습을 시키고 준비해서 보내야 할지 막막했습니다. 초등 교육과정에 한글 교육이 포함되어 있는데 당장 수학 교과서에서는 스토리텔링을 중시하며 문장제 문제가 바로 나오니, 그 '어느 정도'라는 것이 학부모 입장에서 애매하게 느껴졌어요. 초등학교 교사 친구들에게도 물어보고, 주변에 먼저 입학한 자녀가 있는 선배 교사나 언니들에게도 조언을 구했지만 사실 불안한 마음이 가시지 않았습니다.

그러다 두 아이를 학교에 보내보고 '아, 지금까지 함께했던 모든 과정이 초등학교 1학년 생활에 정말 큰 도움이 되는구나!'를 깨달았습니다. 우리가 함께 책을 읽으며 대화했던 것들은 아이들이 한글을 떼고 경청하는 능력과 집중력을 기르는 데 도움이 되었습니다. 콩깍지를 까고 콩을 세며 했던 가르기 모으기 놀이가 수학의 기초인 덧셈과 뺄셈 학습으로 이어지며 아이들을 현실 세계에서 수학의 세계로 연결해주었습니다. 종이접기와 그림 그리기, 블록으로 집짓기 놀이가 아이들의 소근육을 발달시켜주었습니다.

아이의 초등학교 입학을 앞두고 불안한 마음에 부랴부랴 이것저것 찾아보고 연습시키려 하지 마시고, 아이가 어릴 때부터 함께 놀며 자연스럽게 필요한 습관을 키워주세요. 생활 속에서 익히고 체화한 것들이 아이의 학교생활에 큰 도움이 될 것입니다. 놀이와 학습을 따로 생각하지 마세요. 놀면서도 충분히 배우고 자랄 수 있습니다. 쉽고 재미있게 놀면서 공부 머리까지 키워줄 수 있는 매력적인 놀이의 세계로 여러분을 초대합니다.

Chapter —— 2

언어 감각을 키우는
엄마표 영어 놀이

영.알.못 엄마의 엄마표 영어 도전기

영어를 잘하기는커녕 수능 이후로 영어 공부를 한 적도 없고 영어를 싫어했던 제가 난데없이 미국에서 육아를 하게 되고 보니, 영어를 못한다는 심적 스트레스가 생각보다 더 컸답니다. 집 앞 슈퍼마켓을 가도, 아이가 아파 병원을 가도, 길거리에서도 온통 영어를 자유롭게 쓰는 사람들 속에서 저는 무척 힘겨웠습니다. '이대로는 정말 안 되겠다'라는 마음이 들어, 살기 위해 팟캐스트 '일빵빵 기초 영어'를 들으며 매일 1~2시간씩 영어 공부를 시작했습니다. 집안일을 할 때는 팟캐스트를 틀어놓고, 아이들이 낮잠을 자는 동안에는 책으로 읽고 쓰고 복습하기를 매일같이 반복했습니다. 그런데 두 달 정도 매일 공부해보니 영어가 재미있는 겁니다. 학창 시절 단 한 번도 느끼지 못했던 감정을 서른 중반에 경험하게 되었습니다.

엄마가 영어를 못해도 엄마표 영어 할 수 있습니다

그때까지만 해도 저는 엄마표 영어에 부정적이었고, 애초에 제가 할 수 없는 영역이라고 생각했습니다. 그런데 영어가 가득한 환경에, 영어 공부에 재미를 느낀 경험이 더해지니 '나도 한번 엄마표 영어 해볼까?'라는 생각이 들었습니다. 고민 끝에 결심이 서고 나니 행동으로 옮기는 일은 오히려 쉬웠습니다. 한국에서 가져온《잠수네 프리스쿨 영어공부법》과 엄마표 영어 관련 유명한 책들을 전자책으로 읽기 시작했습니다. 여러 책을 읽다 보니 모국어를 익히듯이 영어를 습득하는 방법으로 '듣기'를 강조한다는 공통점이 보였습니다. 영어 듣기 환경을 위해서는 '영어 영상이나 오디오 듣기(흘려듣기)'와 '영어 그림책 읽어주기'를 꾸준히 하면 된다는 책의 내용을 보니, 더욱더 '이 정도면 나도 할 수 있겠어!'라는 마음이 들었습니다.

아이가 태어나 모국어를 익히는 과정을 생각해보면, 의식하지 않더라도 부모, 주변 사람들, 각종 매체 등에 둘러싸여 모국어를 충분히 경험하면서 말문이 열리게 됩니다. 이렇게 적절한 언어 환경에서 저절로 모국어를 익히듯, 영어도 학습Study이 아닌 습득Learning의 방식으로 익혀나가는 것을 목표로 삼았습니다. 당시 영어를 잘 못하는 제가 남편 없이 유일하게 갈 수 있었던 곳은 영어를 많이 사용하지 않아도 되는 동네 도서관과 마트뿐이었습니다. 그래서 3살 윤택이는 유모차에 태우고, 5살 은택이는 킥보드를 타게 하고, 저는 에코백 2개를 챙겨 일주일에 두세 번씩 도서관으로 향했습니다. 그런데 왠지 모르게 제 발걸음은 신났습니다.

영어 그림책 종류도 모르던 시절이었기에 각종 엄마표 영어 관련 도서에서 추천해준 책을 목록으로 만들고, 도서관에서 가서 해당 도서들을 빌려와 아이들과 함께 읽었습니다. 좋지 않은 발음으로 한 줄짜리 그림책부터 떠듬떠듬 시작했습니다. 하지만 모국어 습득이 빨랐던 첫째는 "엄마, 영어 재미없어. 영어 나오는 텔레비전은 안 볼래" 하며 영어를 거부하기 시작했습니다. 기껏 힘들게 빌려온 책은 보는 둥 마는 둥 덮어버렸고, 영어 DVD를 틀면 벌떡 일어나서 전원 버튼을 끄기 일쑤였습니다.

처음에는 '그래, 그럴 수도 있지. 책에서 다른 아이들도 그랬다고 했잖아'라며 스스로 위안을 했지만 그런 상황이 반복되자 저도 모르게 '그냥 앉아서 보면 안 돼?'라는 생각이 들며 속으로 화를 삭여야 했습니다. 얼마 해보지도 않고 포기하기는 싫었습니다. 어떻게든 난관을 헤쳐 나가고 싶었기에 그날부터 영어를 거부하는 아이에게 엄마표 영어를 어떻게 시작해야 할지 계속 고민하며 아이를 살피기 시작했습니다.

그러자 아이가 즐겨 하는 놀이가 차츰 눈에 들어왔습니다. '그래, 이거야! 공룡이 나오는 책으로 시작해보자.' 은택이는 그때 한창 공룡에 흥미를 보이며 공룡들의 이름을 달달 외우고 자신만의 기준을 만들어 공룡을 분류하고 줄 세우는 놀이에 빠져 있었습니다. 아이를 관찰하자 길이 보였습니다.

인터넷에서 공룡이 나오는 영어 원서를 검색하고 목록을 만들었습니다. 도서관에서 아이와 같이 공룡 책을 고르고, 공룡이 나오는 영어 DVD와 짧은 영상들을 찾아 보여주었습니다. 영어 책을 읽고 나면 아이가 가지고 놀던 공룡 모형figure을 가지고 책에 나왔던 표현을 이용해 조금씩 말을 걸었습니다. "Roar~I'm a Tyrannosaurus. I'm so hungry. I'm going to eat you up!" 단지 책 속 표현을 따라 말했을 뿐인데 아이는 깔깔대고 좋아했습니다.

며칠 뒤, 둘째를 낮잠 재우고 거실에 나와 보니 은택이가 혼자 공룡 책과 모형을 꺼내놓고 "Roar~I'm a Tyrannosaurus. I'm going to eat you up!" 혼잣말을 하며 놀고 있었습니다. 아이를 관찰하며 아이의 시선으로 다가갔을 뿐인데, 은택이의 마음이 움직이는 것을 느꼈습니다. 한 달 정도 지속되었던 영어 거부에서 해방되었다는 것을 깨달은 순간 '이제 됐다!'라는 기쁨과 안도감이 몰려왔습니다.

저는 주로 아이들과 책을 함께 읽으며 자연스럽게 접한 영어 표현들을 외워두었다가 아이들과 놀 때 써먹었습니다. 그래서 반대로 아이들과 놀면서 쓰기 좋은 표현들이 나올 법한 책을 찾아보기 시작했어요. 아이들이 좋아하는 자동차, 비행기, 배와 같은 탈것, 모양, 동물, 색깔, 숫자, 알파벳 등 다양한 주제의 책들이 보이더군요. 한 번 주제를 정하면 1~2주 동안은 그 주제와 관련된 책을 아이들과 함께 읽으며 책 속 표현을 따라 말하는 놀이를 했습니다. '색깔'을 주제로 정하면 그 주에는 한글 책도 색깔과 관련된 책을 읽어주고, 책을 읽고 나면 색연필로 무지개를 그리며 영어와 한국어로 책 속 표현을 말해보는 식이었습니다. 유튜브에서 영어 동요를 찾아 따라 부르고 춤도 추며 아이들과 함께 하는 놀이에 빠져들었습니다.

엄마가 영어를 못해도 엄마표 영어는 가능합니다. 발음이 나빠도 정말 괜찮습니다. 저도 처음에는 발음이 너무 안 좋아서 '진짜 이 발음으로 아이들에게 영어책을 읽어줘도 되나?' 걱정했습니다. 하지만 한 줄짜리 그림책을 3개월 정도 꾸준히 읽어주다 보니 발음도 점점 매끄러워지고 무엇보다 영어 읽기에 자신감이 붙더군요.

아이와 함께 새로운 언어를 익혀가는 재미

이렇게 혼자서 5개월 남짓 아이들과 영어책을 읽으며 놀이를 하다 보니 조금 더 체계적으로 엄마표 영어를 해주고 싶은 마음이 들었습니다. 혼자보다 '함께하는 힘'을 믿기에, '엄마표 영어 소모임'을 만들고 팀원들과 함께 주별로 10여 권의 책을 읽고 엄마표 영어 놀이를 했습니다. 같이 하니 놀이의 방향이 더 뚜렷해지고 많은 팁을 얻을 수 있었습니다. '이 책을 읽고 이렇게도 할 수 있구나. 나도 해봐야지.' 서로 아이디어를 주고받으며 놀이 방식도 점점 발전해갔습니다. 책 속 표현을 아이에게 그대로 되돌려주던 놀이에서, 책을 읽고 독후 활동을 하며 대화를 주고받고 다른 표현들을 익히는 쪽으로 확장해나갔습니다. 영어 공부가 목적이었다면 제가 힘들어서라도 중간에 포기했을지도 모릅니다. 하지만 놀이의 가장 큰 목적인 '즐거움'에 초점을 두자 아이들이 진심으로 즐길 만한 방법을 찾을 수 있었고, 저도 같이 즐길 수 있었습니다.

느리지만 즐겁고 자연스럽게 새로운 언어를 익혀가는 재미를 아이와 함께 경험해보세요. 단계에 연연한 영어가 아니라 편안한 환경에서 아이의 속도에 맞춰 엄마표 영어를 시작하시길 바랍니다. 그리고 '엄마가 선생님이 되어서는 안 된다'는 점을 마음에 새겨야 합니다. 함께하는 시간에 집중해서 짧지만 굵게, 먼저 아이에게 '엄마랑 같이 노니까 재미있어'라는 즐거운 기억을 심어주는 것이 중요합니다. 영어의 즐거움을 알기도 전에 학습적으로 접근한다면 아이가 영어를 어려워하고 싫어하게 될 수도 있습니다.

마음이 흔들릴 때가 옵니다

어떤 일이든 순간순간 마음이 흔들릴 때가 있습니다. 저 역시 엄마표 영어를 하면서 '이 방법이 맞는 걸까? 학원을 보내야 할 때일까?' 고민한 적이 많았습니다. 그때마다 흔들리는 마음을 잡아주었던 건 '아이의 영어 실력이 내가 봐줄 수 있는 수준을 뛰어

넘었을 때, 아이의 학습 욕구를 내가 충족시켜주지 못할 때 학원에 보내자'라는, 저 스스로가 정해둔 기준이었습니다. 여러분도 엄마표 영어를 시작하면 '이 나이에 이 정도 레벨은 읽는다는데, 학원을 보낼 걸 그랬나?' 하는 고민을 수없이 하게 되실 거예요. 그러니 엄마표 영어를 시작하기 전에 나아가야 할 방향, 속도, 그리고 엄마표를 끝내야 할 시기의 기준을 정해두시길 바랍니다.

그렇다고 포기하지는 마세요. 유아기에 엄마표 영어만큼 아이의 정서와 엄마와의 관계를 모두 챙기는 가성비 좋은 영어 공부법은 없습니다. 엄마와 아이가 손발을 맞춰가며 아이의 취향을 찾고, 아이가 좋아하는 것들 위주로 그림책과 영상물을 골랐다면 이미 절반은 성공했다고 볼 수 있습니다. 이런 순간들이 쌓여 아이의 일상에서 영어가 자연스럽게 자리 잡는 결과를 마주하게 될 것입니다.

유의미한 인풋을 생각하세요

아이들이 처음 태어나서 모국어를 배우는 과정을 생각해보세요. 엄마와 아빠의 말을 듣기만 하는 시간이 1년 넘게 이어집니다. 그 후 돌에서 두 돌 사이에 단어를 말하고, 단어와 단어를 이어 문장으로 만들며 말하기를 시작합니다. 귀와 입이 트이면 언어가 폭발적으로 느는 시기를 거쳐 모국어를 자연스럽게 듣고 말하게 되지요.

아이를 키우는 부모님들이라면 누구나 경험해보셨을 겁니다. 아이마다 다르겠지만 시간이 지나면 부모님의 도움을 받아서 혹은 아이 스스로 한글을 읽게 되고, 초등학교 입학 전후로 아이들의 쓰기 실력도 자연스럽게 향상됩니다.

유아기 영어 공부는 모국어와 비슷한 환경에서

듣기-말하기-읽기-쓰기의 순서로 모국어가 자연스럽게 발달하듯 유아기 영어도 같은 순서로 익혀야 합니다. 자연스러운 듣기와 말하기 환경을 조성하기 위해 제가 실행한 것들은 다음과 같습니다.

- 매일 영어 그림책 읽어주기: 듣기 환경 제공
- 매일 영어 영상물 함께 보기: 듣기 환경 제공
- 영어 그림책 독후 활동 놀이: 유의미한 듣기와 말하기 환경 제공

저는 아이들에게 매일 영어 그림책을 읽어주고, 아이들 곁에서 빨래 개기와 같은 집안일을 하며 영어 영상을 1~2시간 정도 함께 보는 듣기 환경을 제공했습니다. 영어 그림책의 내용과 표현을 입으로 뱉어내도록 독후 활동 놀이를 통해 말하기 환경을 만들었습니다. 처음에는 책 속 등장인물들의 대사를 그대로 따라하며 말해보는 정도였지만 거기에 그리기, 만들기 등의 미술 놀이를 추가했습니다. 이때 중요하게 생각한 점은 엄마가 쉽게 할수 있을 것 그리고 아이들이 영어를 재미있는 놀이로 인식하게 하는 것이었습니다. 아이들에게 '재미'가 '동기'가 되어, 엄마와의 시간을 오롯이 즐기고 '또 같이 놀고 싶다'라는 생각의 고리가 만들어지도록 노력했습니다. 아이에 앞서 저 자신도 아이들과 함께

하는 시간이 즐거웠기에 그것이 동기가 되어 엄마표 영어 놀이를 꾸준히 할 수 있었습니다.

《Bark, George》는 영어를 거부하던 은택이에게 영어의 재미를 알려준 그림책이랍니다. 책에서 강아지인 조지에게 엄마가 "짖어 봐Bark"라고 할 때마다 조지는 "야옹야옹", "꽥꽥" 하고 다른 동물의 소리를 내요. 그런 조지를 엄마는 수의사에게 데려가고, 수의사는 조지의 입안으로 손을 넣어 다른 동물들을 차례대로 꺼냅니다. 배 속에 있던 동물들이 모두 나오고 나서야 조지는 "멍멍" 하고 짖어요. 이 내용을 읽을 때 셋이 깔깔거리며 웃고 몇 번이고 다시 읽었던 좋은 기억이 있는 책이라 영어 놀이를 시작하면서 이 책을 가장 먼저 활용했습니다.

영어 왕초보 엄마인 저는 아이들이 잠들고 나면 번역기를 이용해서 뜻도 찾아보고 발음도 들어보며 책의 내용을 익혀두었습니다. 책을 몇 번 반복해서 읽으니 책 속의 상황과 대사가 머릿속에 그려졌어요. 그래도 대본을 짜는 것이나 자유 회화는 엄두가 나지 않았습니다. 그저 책에 나온 표현이 제 입에 익숙해지게 만들고, 아이들이랑 낮에 놀이를 할 때 활용했습니다.

키즈클럽(102쪽 참조) 사이트에서 'Bark, George' 활동지를 출력해, 아이들과 함께 동물들을 색칠했어요. 손이 들어갈 수 있도록 구멍을 뚫은 상자에 색칠한 조지를 붙이고, 색칠한 다른 동물들은 상자 안에 넣어두고 역할 놀이를 했습니다. 은택이는 수의사, 윤택이는 조지, 저는 조지 엄마가 되어 각자 인물들의 대사를 따라 했습니다. 이때 은택이는 그럴싸하게 설거지용 빨간 고무장갑을 손에 끼고 수의사 흉내를 냈습니다. 아이들은 굉장히 즐거워하며 몇 번이고 놀이를 다시 하자고 졸랐답니다. 밥 먹다가도, 집안일을 하다가도 아이들이 원하면 "Bark george!" 외치기를 여러 번 했습니다. 이 과정에서 아이들은 책에 나오는 'deep', 'vet' 같은 단어와 동물 이름, 동물 울음소리를 영어로 익히고 말놀이처럼 자연스럽게 입으로 뱉어냈습니다.

부모가 들려주는 모국어가 차곡차곡 쌓여 말을 하게 되듯이 아이들의 머릿속 영어라는 방에도 인풋input이 들어차기 시작했습니다. 함께 영어 놀이를 한 지 7~8개월이 지나면서부터 발화가 자연스러워진 아이들은 서로 영어로 말하고 놀았습니다. 그렇게 되니 더욱더 독후 활동을 그만둘 수가 없었습니다.

인풋은 양도, 질도 중요합니다

우리가 많이 듣고 이해해야 말을 하게 되는 것처럼 유아기 영어에서도 '듣고 이해할 수 있는 환경의 조성'이 중요하다고 다시 한 번 강조하고 싶습니다. 인풋의 양인 절대적 시간뿐 아니라 아이가 이해하고 알아들을 수 있는 '인풋의 질'도 중요한 것이지요. 먹은 음식이 모두 소화되어 흡수되지는 않듯이, 인풋이 많아도 귓등으로 흘려버린다면 아웃풋을 기대하기 힘듭니다.

조급한 엄마들은 '이만큼 들려주었는데 왜 영어로 말을 못 하지?'라는 생각을 합니다. 어린아이에게 영어와 친숙해지게 돕는다는 명목으로 하루 종일 영어 노래만 틀어준다면, 아이가 과연 그 모든 것을 소화하고 흡수할 수 있을까요? 처음에는 관심을 보이다가도 이내 소음으로 생각해서 들으려 하지 않을 겁니다. 알아듣지도 못하는데다가 재미있다고 느끼지 못하는 내용을 계속 듣기만 한다고 영어를 습득할 수는 없는 노릇입니다. 우리가 매일 10시간씩 아랍어 영상을 틀어놓는다고 해서 저절로 아랍어를 잘하게 되지 않는 것과 같은 이치입니다. '영어에 노출된 환경'에서 중요한 것은 아이가 이해하지 못하는 자료를 제공하는 것이 아니라, 아이에게 '이해 가능하고 유의미한' 인풋이 주어져야 한다는 것입니다.

제가 선택한 방법은 영어 놀이입니다. 저는 글을 단순히 읽어주기만 하는 것보다 몸을 사용해 내용을 의미 있게 전달하려 했고, 책의 내용을 함께 그림으로 그려보거나 만들기를 하는 등 영어 독후 활동을 병행했습니다. 아이에게 유의미한 인풋을 주기 위한 수용intake 단계가 바로 독후 활동 놀이였습니다.[*]

엄마표 영어에서 엄마의 영어 실력보다 중요한 것은 꾸준한 실천입니다. 어떤 일이나 시행착오는 있기 마련입니다. "아이에게 영어 그림책을 읽어주었는데 안 좋아하는 것 같다." "다른 집 아

---

[*] H. 더글러스 브라운, 《외국어 학습·교수의 원리(제5판)》, 이흥수 외 옮김, 피어슨에듀케이션코리아, 2007

이들이 재밌다고 좋아한다는 영어 영상을 우리 아이는 쳐다보지도 않는다." 아이가 어릴 때 이런 실패담을 많이 겪어보면서, 아이가 좋아하는 것을 함께 찾아보세요. 그리고 시작하면 꾸준하게 실천하세요. 작심삼일도 열 번이면 한 달이 됩니다.

매일매일 꾸준하게 영어 그림책을 같이 읽고 영상물을 함께 시청해보세요. 잠자리에서 아이와 함께 한 줄짜리 영어책부터 하루에 한두 권씩 독서를 시작해보세요. 아이에게 엄마가 따뜻한 목소리로 책을 읽어주는 것, 말을 거는 것보다 더 좋은 정서적 교감은 없다고 생각합니다. 함께한 매일이 쌓여 또 다른 내일이 시작될 겁니다.

아이의 영어를 지속하게 하는 원동력

"아들, 청바지 하나 살까? 맨날 운동복만 입는데 엄마는 청바지 입은 모습도 보고 싶어."

"불편해서 싫어요, 엄마. 운동복 사주세요."

남자아이만 둘이다 보니 옷장 안에 운동복 바지가 가득합니다. 청바지나 면바지처럼 다른 종류의 바지를 권해도 불편하다며 입지를 않으니 매번 검은색, 남색, 회색 등 색만 다른 운동복들만 장바구니에 가득 담아 결제를 합니다. 바지에 대한 아이의 취향이 확고하니 옷을 고르는 고민은 줄어듭니다. 운동복 디자인은 거기서 거기거든요.

아이의 관심에 집중하면

꼬리에 꼬리를 무는 선순환이 시작됩니다

아이마다 관심사와 취향이 다릅니다. 이 점을 파악한다면 엄마 표 영어를 더 쉽게 할 수 있습니다. 아이가 좋아하는 캐릭터, 관심을 보이는 주제와 관련된 영상은 아이가 잘 볼 테고, 그만큼 영어에 대한 거부감은 줄어들 것이거든요. 아이가 좋아하는 것을 찾아내면 한동안은 영어 책과 영상을 고를 때 고민거리가 줄어들게 됩니다. 하지만 아이들은 관심사와 좋아하는 것이 자주 바뀌기 때문에, 저도 수시로 관찰하고 때로는 잊지 않으려고 메모해두기도 했습니다.

은택이와 윤택이는 토끼 남매 맥스와 루비가 나오는 〈Max & Ruby〉 영상을 좋아했습니다. 은택이가 5살, 윤택이가 3살 때 처음 이 영상을 봤는데, 특히 은택이가 깔깔거리며 즐기더군요. 그도 그럴 것이 이제 막 3살 된 동생의 고집과 훼방 때문에 순둥이 형은 마음이 많이 상한 상태였거든요. 사고뭉치 고집불통인 남동생 맥스와 똑똑하고 용감한 누나 루비의 일상 이야기에 비슷한 일화들이 나오니 대리 만족을 느끼며 즐거워했답니다.

여느 평범한 날들과 다름없이 아이들은 거실에서 둘이 놀고, 저는 그 곁에서 집안일을 하고 있을 때였습니다. 그날따라 신나게 영어로 이야기를 주고받는 아이들이 기특해서 귀를 기울여 들어보았습니다. "You need a bath." "No." "You're all sticky. Stay right here." 함께 본 〈Max & Ruby〉 내용을 기억해 둘이 영어로 역할 놀이를 하고 있었습니다. 아이들이 영상 속 상황을 생활 속에 그대로 가져오는 모습을 보며 대견하기도 하고 신기하기도 했습니다. 그때부터는 아이들 눈높이에 맞는 생활 이야기를 다룬 애니메이션을 검색해서 보여주었습니다.

아이들이 11살, 9살인 지금도 여전히 즐겨 보는 〈페파 피그Peppa Pig〉를 비롯하여 〈PAW Petrol〉, 〈출동! 파자마 삼총사PJ Masks〉, 〈Dora the Explorer〉, 〈꾸러기 상상 여행The Backyardigans〉, 〈바다 탐험대 옥토넛Octonauts〉, 〈아기 공룡 버디Dinosaur Train〉, 〈Curious George〉, 〈레고 닌자고LEGO Ninjago〉, 〈신기한 스쿨 버스The Magic School Bus〉, 〈Leap Frog〉 등을 함께 보았습니다. 하나의 시리즈에 빠지면 다른 것들은 보지 않고 그 1가지만 반복해서 보는 것을 좋아했던 형제이기에 저의 수고는 많이 줄어들었습니다. 그리고 영상에서 시작한 흥미가 영어 책과 한글 책으로 이어지고, 때로는 한글 책에서 시작된 관심이 영어 책과 영상으로 이어지는 좋은 고리가 만들어졌습니다.

〈신기한 스쿨 버스〉의 경우 한글 책을 먼저 보여주었습니다. 저와 함께 근무했던 선생님께서 주신 10년도 더 된 책이었지만, 형제는 매일 잠자리 독서 시간에 같은 책을 꺼내놓고 읽어달라고 졸라댔습니다. 한글 책을 함께 읽고 나자 은택이가 "엄마, 이 책은 영어 책이나 영상 없어요?"라고 물었습니다. 다음 날 바로 리더스북과 DVD를 구입했습니다. 당시 은택이가 영어 리더스북 지평 읽기를 하던 때라 시기적으로도 적절했습니다.

아이는 책을 혼자 읽기도 하고 동생한테 읽어주기도 했습니다. 책에서 보았던 장면을 영어 DVD를 통해 생생하게 보며 과학에 대한 궁금증과 호기심도 더 커지는 듯했어요. 이때를 기점으로 도서관에 가면 과학책이 꽂힌 서가에서 발을 떼지 못하고 다른 과학책을 찾아 읽는 시기가 왔답니다. 억지로 과학책을 읽게 시켰다면 아이들의 자발성은 기대할 수 없었겠지요. 아이들을 관찰해서 책과 영상을 구해다 주고 흥미를 좇아간 일이 제가 한 일의 전부였습니다. 하지만 놀랍게도 아이들 스스로 다른 책과 영상, 또 다른 관심 분야를 찾아가게 되었답니다.

내 아이의 '취향 저격' 책과 영상을 발견하면 엄마가 책과 영상 검색에 쏟는 시간이 줄어들고, 엄마가 편안하고 쉽게 엄마표 영어를 진행해나갈 수 있습니다. 아이들도 좋아하는 것으로 시작하기에 부담이 없고 흥미를 붙여나가기 쉬우며 실패 확률이 낮습니다.

시작은 보잘것없는 캐릭터였지만 이것이 아이에게 또 다른 자극이 되어 날개를 달아줄지 누가 압니까. 좋아하는 것에 몰입하는 경험을 통해, 좋아하는 것을 즐길 수 있도록 만들어주세요. 그러기 위해 엄마는 아이의 취향과 관심을 파악하는 것이 가장 우선입니다. 아이들을 몰입의 세계로 이끌어줄 만한 것이 있는지 살펴보는 시간을 꼭 가져보세요.

엄마표 영어의 종착지는 '아이 주도 학습'

어느 주말, 은택이가 부탁했습니다. "엄마, 유튜브에 올릴 종이접기 동영상 찍어주세요." 은택이가 종이접기에 빠져 있던 8~9살 무렵, 아이가 좋아하는 종이접기를 영상으로 찍어 제 유튜브 계정에 업로드해주고는 했답니다.

아이의 부탁대로 상을 펴고 삼각대에 스마트폰을 설치해주고 방을 나왔습니다. 그런데 다른 날과 다르게 그날은 아이가 영어로 녹화를 하는 겁니다. 녹화를 마치고 나온 아이에게 물었습니다.

"오늘은 왜 영어로 했어?"

"한국어로 하면 우리나라 사람들만 보는데 영어로 올리면 조회 수가 더 늘어날 것 같아서요. 엄마, 제목도 영어로 써야겠어요."

어떤 단어를 사용해서 제목을 지을지 고민하는 아이의 모습이 기특해 보였습니다. 유튜브에서 종이접기 검색을 할 때도 '용 종이접기'라고 검색하는 게 아니라 'Dragon Origami'라고 검색을 합니다.

"왜 영어로 검색해?"

"엄마, 영어로 찾을 때 검색되는 종이접기 수준이 달라요. 더 재미있고 도전해보고 싶은 게 많이 있어요."

엄마표 영어를 하는 동안 "영어로 영상을 찍어볼래? 영어로 말을 좀 더 해볼래?" 같은 기대나 압박은 주지 않았습니다. 그러나 아이 스스로 영어를 취미 생활과 접목해서 영어를 '학습이 아닌

내 생각을 나누는 또 하나의 도구'로 인지하고 실천하는 모습을 보니 엄마표 영어를 하기 잘했다 싶었습니다.

5살, 3살 아이들과 함께 영어 놀이를 시작한 뒤로 6년이 지났지만 지금도 아이들은 영어를 공부라고 생각하지 않습니다. 하교 후에 간식을 먹으며 영상을 보고 듣는 시간을 휴식으로 여깁니다. 소파에 앉아서, 침대에 누워서, 아이가 편한 곳에서 깔깔대며 영어 책을 읽습니다. 일상에서도 주저 없이 영어를 사용합니다.

영어를 즐겁게 쓰는 모습을 곁에서 지켜보면서 이것이 바로 영어 공부를 지속하게 하는 원동력이며, 엄마표에서 아이 주도 학습으로 가는 길이라는 생각이 들었습니다. 누가 억지로 시켜서 하는 학습이 아니라 스스로 원해서 하는 공부인 것이지요. 교육 심리학에서는 내재적 동기화가 된 학습자는 결과에 상관없이 학습을 계속적으로 수행하게 된다고 합니다. 아이의 자율성을 존중해주면 스스로 하고 싶은 마음이 들고, 그것이 결국 학습을 지속하게 만들 것입니다.

"덕질이 정말 최고의 언어 공부법이에요. 좋아하는 것에 대해 글도 읽고 영상도 보다 보면 공부하는 느낌이 안 들잖아요!"

〈유 퀴즈 온 더 블럭〉에 출연한 샤론 최의 이야기를 듣고는 무릎을 쳤습니다. 블로그에 때마침 '아이의 취향을 알면 엄마표 영어가 쉽다'는 글을 써서 그런지 너무나 공감되는 말이었습니다.

매일 반복되는 루틴으로 아이에게 영어 영상을 보여주고 그림 책을 읽어주며 영어 놀이를 통해 유의미한 인풋을 쌓아주세요.

자녀가 좋아하는 캐릭터와 관심사를 관찰하고 '어떻게 영어로 연결시킬까?'를 고민해보세요. 분명 아이가 영어에 흥미를 갖고 즐기는 모습을 보게 되실 거예요. 공부보다는 취미이자 습관처럼 즐기는 영어일 때 아이는 좀 더 오래, 좀 더 편하게 영어를 지속할 수 있을 것입니다.

다음에 소개하는 엄마표 영어 독후 활동은 아이들과 집에서 쉽게 해볼 수 있는 놀이 위주로 선별했습니다. 준비가 복잡하고 힘들다는 생각은 내려놓고, 아이들과 함께 즐기면서 영어 놀이에 빠져들기를 바랍니다.

색깔 찾기 여행을 떠나요

길고 추웠던 뉴욕의 겨울이 지나고, 파릇파릇 새싹이 돋아났습니다. 마당에 나가 초록색 까까머리를 한 잔디 위에서 놀던 윤택이가 물었습니다.

"엄마, 왜 이파리마다 초록색이 다 달라요?"

"정말이네! 자세히 보니 나뭇잎의 초록색도 잔디밭의 초록색도 다른 색이었네."

아이들의 관찰력은 생각하지도 못한 곳에서 어른의 눈보다 훨씬 예리합니다. 아이의 시선으로 바라보면 보이지 않던 것들이 보이는 순간을 마주하게 됩니다.

주변을 둘러보니 노란색 민들레도 피어나고, 하얀색 목련 꽃망울이 피어날 준비를 하고 있었어요. 어느덧 설레는 봄이 성큼 다가온 기분이었습니다.

"우리 오늘 색깔 찾기 여행을 떠나볼까?"

"색깔 찾기 여행이요?"

아이들은 처음 듣는 단어의 조합이 신기한 듯 호기심 가득한 눈으로 저를 바라보았습니다.

"그래, 우리 마당과 마을로 색깔 찾기 여행을 떠나자."

색깔 찾기 게임은 영어로 'Color Scavenger Hunt'라고 해요. 색을 찾아 여기저기 헤매고 다닌다는 뜻이지요. 주제 읽기로 '색깔'에 관련된 책을 읽으며 영어 놀이를 하기에 안성맞춤이랍니다. 종이에 아이가 그동안 영어 책을 읽으며 익힌 색깔을 하나씩 칠해서 색깔의 목록을 만듭니다. 이때 아이가 읽었던 책 중 한 권을 들고 나와 한 장 한 장 넘겨보면서 영어로 색 이름을 말하고 크레파스로 색칠을 해서 만들면 더 좋겠지요. 글씨를 쓸 수 있는 친구들은 스스로 색깔의 이름을 써보고, 아니면 엄마가 써줍니다. 바구니나 종이 쇼핑백 등 아이가 들고 다니며 색깔을 모을 수 있는 것을 준비해주세요. 여기에 색깔의 목록을 만든 종이를 붙여주면 준비는 끝납니다.

"은택아, 윤택아, 이제 바구니를 들고 색깔 찾기 여행을 떠나는 거야. 주위를 잘 살펴보면서 목록에 있는 색깔을 많이 찾을수록 좋아."

"야호! 가자, 가자. 형아, 얼른 가자."

얼마간 시간이 지났을 때 "엄마, 목록에 없는 색깔의 돌을 찾았어요. 어떻게 해요?" 동생 손을 꼭 잡고 신나게 탐색하던 은택이가 다급히 뛰어와 물었습니다.

"은택이가 새로운 색을 찾았구나. 어떻게 하면 좋을까?"

"돌과 비슷한 색을 칠해서 새롭게 만들면 어때요?"

아이의 순발력에 감탄했습니다. 게임을 하다 목록에 없는 새로운 색깔을 찾아낸다면 이처럼 아이가 스스로 목록을 재구성할 수도 있습니다. 초록색이 다 똑같은 초록색이 아니듯 아이가 발견하고 새롭게 찾은 색깔도 정형화된 크레파스 색과는 다를 수 있습니다. 그럴 경우 아이가 직접 새로 발견한 색깔의 이름을 지어보게 한다면 언어 감각도 함께 키울 수 있답니다.

따뜻한 봄 햇살을 맞으며 두 손 꼭 잡고 색을 찾아 마당과 동네 여기저기를 돌아다니는 아이들의 뒷모습이 어찌나 사랑스러운지요. 아이들도 신이 났는지 시간 가는 줄 모르고 색깔 찾기 여행에 푹 빠졌답니다. 다채로운 보물을 찾듯이 주변을 탐색하며 색깔을 찾는다면 자연스럽게 관찰력과 대근육 운동 능력도 함께 기를 수 있어요.

색깔 찾기가 끝나고 돌아오면 아이가 찾아낸 사물들을 종이 목록 위에 올려놓고 대조해보며 다시 한 번 색을 익힐 수 있습니다. 끝나고 나서 사물들을 다시 제자리에 놓는 일도 놀이처럼 진행할 수 있고, 여러 명이 놀이를 할 경우 특정 색 빨리 찾기 등의 규칙을 추가해 게임처럼 변형해서 할 수도 있습니다.

이 놀이의 가장 큰 장점은 어디에서나 즐길 수 있다는 것입니다. 코로나로 인해 바깥 활동에 제약이 많은 요즘이나 추운 겨울에는 실내에서도 충분히 가능합니다. 집에서 다양한 색깔을 찾다 보면 시간도 훌쩍 가고 즐거운 추억도 하나 더 늘어나겠지요. 물론 놀이터나 아파트 단지에서, 주말에 오른 뒷산에서, 공원이나 캠핑장에서도 즐겁게 시간을 보낼 수 있습니다. 오감을 사용하여 자연을 느끼는 것만큼 유아기 어린이들에게 좋은 것은 없습니다. 밖에 나가 시간을 보낼 일이 생겼을 때 엄마가 미리 색깔 찾기 준비물을 챙겨간다면 아이들은 자연이 준 보물을 찾느라 시간 가는 줄 모를 것입니다.

일 년 내내 모든 연령대의 아이들이 실내외 어디에서든 간편하게 즐길 수 있는 놀이에 영어를 슬쩍 접목해보세요. 스스로 관찰하며 직접 채집한 경험 때문에 아이의 기억에 오래 남을 것이고, 영어로 색깔을 익혀도 아이는 공부가 아닌 놀이로 받아들여 영어에 흥미를 붙여나갈 것입니다.

카멜레온은 왜 색이 변해요?

"윤택아, 카멜레온은 기분에 따라 색깔이 변한대. 지난번에 책에서 봤던 화려한 색 카멜레온은 기분이 매우 좋은 상태인 거래."

"형아, 진짜야? 신기하다!"

책을 유심히 보던 은택이가 동생에게 이야기하는 것이 들렸습니다. 대화하는 아이들의 눈빛이 반짝이고 있었습니다. 아이들의 호기심이 또 발동했다는 생각이 들었습니다. 이런 순간을 엄마가 놓칠 수 없지요. "우리 카멜레온에 대해서 같이 한번 찾아볼까?" 그날부터 아이들과 함께 카멜레온에 대한 다양한 책과 유튜브 채널을 찾아보고, 인터넷 검색을 했습니다.

카멜레온이 '주변 환경에 맞춰 몸의 색깔을 바꾼다'는 것은 잘못 알려진 사실이라고 합니다. 실제로는 빛의 세기나 온도, 카멜레온의 감정에 따라 색이 바뀐다고 합니다. 감정의 변화에 따라

달라지는 몸의 빛깔은 의사소통의 중요한 수단이 된다고 해요. 수컷 2마리가 싸우는 모습을 보면 이긴 쪽은 화려한 색깔로 변하지만, 진 녀석은 우중충한 색을 띤다고 합니다. 화가 나거나 라이벌이 나타나면 어두운색으로 바뀐다고 하고요.[*]

아이들과 함께 카멜레온의 색 변화에 대해서 찾아보고 궁금증을 해소한 후에 미술 놀이를 통해 '나만의 카멜레온 만들기'를 했습니다. 종이 접시 2개, 할핀, 채색 도구(크레파스, 물감, 색연필 모두 가능)를 준비해주세요. 먼저 종이 접시 하나에 아이들이 다양한 색으로 색칠을 해줍니다. 그동안 엄마는 옆에서 다른 접시에 칼을 이용해서 카멜레온 모양을 파주세요. 아이들이 색칠을 한 접시를 아래쪽에 놓고 위에는 카멜레온 모양대로 파낸 접시를 올린 다음 할핀으로 고정해주세요.

이렇게 만든 '나만의 카멜레온'은 아이들의 훌륭한 장난감이 되었습니다. 아이들이 직접 만들어 망가질 때까지 가지고 노는 동안 카멜레온의 색깔과 감정의 변화를 영어로 말해보는 활동까지 할 수 있었답니다.

"I'm very excited right now. So I became colorful." "When I turn black it means I'm scary." 엄마가 억지로 발화를 시키려 이끌지 않아도 아이들은 놀면서 자연스럽게 영어로 이야기하는 모습을 보여주었습니다. 이것이 놀이의 가장 큰 힘이라고 생각합니

[*] '카멜레온 기분 따라 색깔도 바뀐다', 어린이 조선일보(2007.09.16.)
'기분에 따라 몸 색깔을 바꾸는 카멜레온', YTN사이언스(2022.01.06.)

다. 놀이 그 자체가 재미있기에 이것이 동기가 되어 영어를 좋아하게 되는 것이지요.

할핀과 종이 접시로 만드는 활동이 부담이 된다면 활동지를 구할 수 있는 사이트를 소개해드릴게요. 영국 출판사 팬 맥밀런의 웹사이트(www.panmacmillan.com)에 가면 영어 그림책 작가별 활동지를 다양하게 볼 수 있답니다. 사이트에 접속 후 스크롤을 가장 아래까지 내리셔서 'Resources-Activity Sheets'를 클릭하면 화면 왼편에 작가 이름 목록이 나오고, 이를 클릭해 각 작가별 책의 활동지를 다운로드할 수 있습니다. 제가 아이들과 함께 읽고 놀이를 했던 책은 에밀리 그래빗Emily Gravett 작가의 《Blue Chameleon》입니다. 카멜레온 그림을 이용해서 아이들과 책을 읽고 놀이를 해보셔도 좋을 거예요.

모자요! 모자 사세요

"엄마 이 책은 진짜 재미있어요. 우리도 모자 놀이 같이 해봐요!" 숨넘어가게 깔깔대며 책을 몇 번씩 읽고 난 후 아이들이 놀이를 제안했습니다. 영어 그림책《Caps for Sale》은 읽을 때마다 아이들의 반응이 뜨겁습니다. 모든 책을 다 살 수는 없기에 최대한 도서관을 이용하지만, 읽어보고 아이들이 특별히 좋아하고 반응이 뜨거운 책들은 구매합니다. 이렇게 집에 들인 책은 책장에서 수시로 꺼내 제가 아이들에게, 때로는 형이 동생에게 읽어주기도 합니다. 아직 영어책 읽기가 서툰 둘째는 그림만 읽는 '픽처리딩picture reading'을 하기도 하지요. 아이들이 좋아하는 책이 생기면 엄마표 영어를 할 때 즐겁습니다. 힘든 줄 모르고 몇 번씩 읽어주다 보면 함께 할 놀이가 생각나거든요. 운이 좋으면 이렇게 아이들이 놀이를 제안할 때도 있답니다.

책 속에서 조금은 우스꽝스러운 모습의 모자 장수는 모자를 팔러 다닙니다. 모자를 머리 위에 모두 이고 "Caps for sale!"을 외치며 걷다 지친 모자 장수는 나무에 기대어 잠시 쉬고 일어납니다. 그런데 머리 위에 있던 모자들이 모두 사라진 겁니다! 이리저리 모자를 찾다 결국 나무 위 원숭이들이 모자를 쓰고 있다는 것을 발견합니다. 모자 장수는 원숭이들에게 모자를 돌려달라며 손가락을 돌리기도 하고, 발을 구르기도 합니다.

처음 시작했던 놀이는 엄마는 모자 장수가 되고 아이들은 원숭이가 되는 것이었습니다. 엄마가 책 속에 나온 표현대로 대사를 하고 행동을 하면 아이들 역시 원숭이가 된 듯 엄마를 따라 하며 원숭이 소리를 냅니다. 거창한 대본이 없어도, 영어를 잘하지 못하는 엄마여도 책을 옆에 두고 슬쩍슬쩍 보며 책 속에 있는 표현을 그대로 따라 했습니다. 책을 읽고 하는 이 놀이는 쉬우면서도 재미있답니다. 별것 아닌 것 같은 '말을 되돌리며 행동을 따라 하는 놀이'지만 아이들이 웃고 떠들며 몇 번이고 책 속의 표현을 입 밖으로 뱉어내게 되는 효과가 있습니다.

모자 장수가 되어 모자를 팔러 다니는 놀이도 함께 했습니다. 당시 저희는 단출한 살림살이로 살아가던 유학생 부부였기에 집에 모자가 몇 개 없었어요. 하지만 모자가 없다고 놀이를 못 할 수는 없지요! 집에 있던 종이컵을 이용해서 아이들이 종이컵 장수가 되어보았습니다. 머리에 종이컵을 올리고 "Cups for sale!"을 외치며 가벼운 종이컵이 떨어질세라 조심조심 발걸음을 옮겼지만 아이들의 얼굴에 미소는 떠나지 않았답니다.

그날 이후부터 아이들은 각종 물건을 머리에 이고 다니며 놀이를 계속 이어나갔습니다. 어떤 날은 가방을 팔고, 어떤 날은 옷을 팔고, 또 다른 날은 책을 팔며 놀이는 계속되었습니다. 생활 속에서 함께 하는 놀이의 힘이 이렇게 컸습니다. 아이들이 자발적으로 물건을 바꿔가며 놀이를 했기 때문에 단어를 익히고 바로 적용하며 입으로 뱉어낼 수 있었습니다. 이런 경험들이 차곡차곡 쌓여 아이들에게 '영어는 재미있는 놀이'라는 강한 인식을 심어주었다고 봅니다.

아이들과 책의 내용을 집에서 따라 해볼 수 있는 좋은 사이트 하나 소개해드릴게요. 슬로보드키나 재단에서 운영하는 웹사이트(www.capsforsale.org)에 접속하시면 《Caps for Sale》의 다양한 활동지와 미국의 Pre-K, Kinder, G1, G2 수준에 맞는 학습 지도 노하우도 얻을 수 있어요. 저도 사이트의 활동지를 참고해 아이들과 나만의 모자 색칠하기, 모자의 수 더하기 놀이, 다음 이야기 꾸며보기, 'What is Pezzo dreaming about?' 그림 그리기 등의 활동을 해보았답니다.

사이트에서는 《Caps for Sale》 노래도 들을 수 있고, 원어민의 스토리타임 영상도 있으니 한 권의 책을 읽고 다양한 놀이를 하기에 좋으실 거예요. 영어 독후 활동에 대한 부담은 내려두고, 아이들과 함께 알차게 활용해보시길 권해드립니다. 단 한 번의 놀이가 아이들을 영어에 빠져들게 만들어줄지도 모르잖아요.

누구일까요?

"엄마, 친할아버지랑 외할아버지는 어떻게 달라요?" 책을 읽던 은택이가 궁금한 것을 참지 못하고 물었습니다. 그도 그럴 것이 시아버지께서 일찍 돌아가셨기 때문에 아이들은 제 친정아버지를 늘 할아버지라고 불렀고, 저도 따로 호칭에 관한 이야기를 해준 적이 없었거든요. 아이의 질문이 계기가 되어 책을 읽고 복잡한 호칭을 한국어와 영어로 놀이하며 익혀보았습니다.

《Peek-a Who?》 책은 우리나라의 까꿍 놀이를 떠올리게 만드는 책이랍니다. 구멍 뚫린 책장으로 뒤에 어떤 동물이 있을지 엿보고, 책장을 넘겨가며 엄마와 함께 "Peek-a who?" 놀이를 할 수 있는 단순한 책이지만 라임에 익숙해지고 엄마와 말놀이를 주고받으며 즐길 수 있어 좋아요.

"외할아버지, 외할머니, 할머니, 이모, 고모, 외삼촌." 가족 호칭과 관련해서 처음으로 함께 했던 활동이라 가족들의 사진을 이용해서 한국어 호칭을 먼저 알려주었어요. 윤택이가 4살쯤 했던 놀이라 한창 말을 배우고 종알대는 아이의 눈높이에 딱 맞았던 기억이 납니다. 한국어 호칭이 어느 정도 익숙해진 뒤에는 아이들과 함께 앉아서 가족들의 사진을 보며 한국어 호칭을 영어로도 익히며 익숙해지는 시간을 가졌어요.

그런 다음 가족들의 사진을 이용해서 '사과나무 가계도'를 만들었어요. 커다란 전지에 사과나무를 그리고, 사진을 잘라서 그 안에 붙여주었어요. 색도화지에 사진보다 조금 더 큰 동그라미 모양을 그려서 오린 다음 사진 위에 풀로 붙여줍니다. 초록색 색지를 이용해 나뭇잎을 표현하고 그림도 그려가며 사과처럼 꾸며주었어요.

사과를 들춰 가족들의 사진이 나오면 저는 "Peek-a who? Who is he/she?" 단순한 문장을 반복하며 묻고, 아이는 "She is my grandmother" 사진 속의 인물에 대해서 영어로 이야기하는 시간을 가졌답니다. 사과 안에는 한국어와 영어로 호칭을 써두어 문자 읽기에 흥미를 붙여가던 은택이가 열어볼 때마다 2개의 언어를 동시에 읽고 익힐 수 있도록 해주었어요.

한편 '사과나무 가계도'를 복도 벽에 윤택이 눈높이로 붙여두어, 윤택이가 오며 가며 사과를 들춰보고 가족의 호칭을 이야기하면서 놀잇감으로 사용할 수 있게 했어요. 마침 윤택이가 말문이 터져 이야기하는 것을 좋아하던 시기라 사과나무 앞에서 시간을 많이 보냈답니다. "He is my uncle. I like him. I miss you." 한국에 있는 가족들에 대한 그리움을 사진으로 달래며 영어로 이야기하는 모습에 엄마 눈에서는 하트가 마구 나왔지요.

어렵고 딱딱한 가계도를 우리 가족의 사진을 활용해서 한국어와 영어로 익히며, 가족에 대한 사랑을 생각하게 해준 놀이였습니다. 그래서 그런지 그때의 사진을 보면 저도 좋은 기억이 먼저 떠오른답니다.

코로나로 멀리 있는 가족들을 만날 기회가 점점 줄고 있지요. 영상통화를 하거나 사진을 보여주는 것도 좋지만, 가족들의 사진을 이용해서 만든 사과나무 가계도를 집 안에 붙여두고 언제든 아이와 함께 들춰보며 이야기를 나누어보세요. 함께 보고 이야기하는 만큼 가족에 대한 그리움과 사랑이 더욱 커지고 아이들도 가족의 소중함을 알아가는 시간이 될 거예요.

어떤 물고기가 가장 커요?

아이가 관심을 보일 때 엄마가 그 뒤를 따라가면 엄마표는 수월하게 할 수 있어요. 의욕이 앞서서 이것저것 준비했는데 아이가 내 생각만큼 따라오지 않으면 괜히 아이에게 화를 내게 되잖아요. "내가 무슨 부귀영화를 누리겠다고 어젯밤에 이걸 오리고 붙이고 했는지 모르겠다." 이런 경험이 몇 번 반복되다 보면 의욕이 꺾이고 엄마표는 '나와 맞지 않는 것'으로 치부해버리게 됩니다. 엄마가 먼저 앞서가지 말고 아이를 잘 관찰했다 아이가 원하는 것, 궁금해하는 것을 이용하면 의외로 손쉽게 되는 것이 엄마표 놀이입니다.

"엄마, 형은 나보다는 크고 엄마보다는 작아요. 우리 집에서 누가 가장 크지?" 한창 말놀이에 빠져 있던 윤택이가 '가장 크다, 가장 작다, 가장 길다, 가장 짧다'의 '가장'이라는 개념을 궁금해할 때 함께 했던 놀이랍니다.

먼저 길이, 크기를 비교하는 책들을 함께 읽고 집 안에 있는 사물들로 상대적인 비교의 개념을 익힙니다. 빨래를 개면서 가족들의 바지를 죽 늘어놓고 "누구의 바지가 가장 길지?", "누구의 바지가 가장 짧지?" 하는 식으로 아이와 집안일을 함께 하며 말놀이를 하는 거예요. 아이의 눈높이에 맞게 생활 속에서 어휘를 알려주고 확장시켜주면 아이도 공부처럼 느끼지 않고 편안해합니다.

영어가 모국어의 수준을 뛰어넘을 수는 없다는 말, 많이 들어보셨죠? 엄마표 영어를 6년째 하며 어린이집에 다니던 첫째가 어느덧 초등학교 4학년이 될 때까지 지켜보니 정말 맞는 말입니다. 아이가 읽는 한글 책의 수준을 영어 책이 뛰어넘을 수가 없더군요. 아이가 어려운 단어를 외우고 뜻을 말한다고 대단한 게 아닙니다. 그 단어가 어떤 상황에서 쓰이는지조차 모르고 앵무새처럼 외워 말하기만 한다면 무슨 의미가 있나요. 아이가 어리면 어릴수록 한국어 어휘를 확장시키고 모국어를 탄탄하게 해주는 것이 우선입니다. 그러면 영어 실력은 겉으로 금방 드러나지 않더라도 결국 모국어의 수준과 나란히 가게 된답니다.

한 권의 책으로 다양한 책 놀이를 할 수 있고 아이가 엄마와 함께 하는 놀이를 즐긴다면 영어 놀이를 하는 엄마에게 이보다 좋은 일이 있을까요. 책 한 권만 있으면 특별한 교구 없이도 집에 있는 것들을 활용해서 가성비 높게 할 수 있는 비교급 영어 놀이를 소개합니다.

《Blue Sea》책에는 크기가 다른 물고기들이 등장합니다. 키즈클럽(102쪽 참조)에서 자료를 다운로드하면 물고기 그림과 'little fish, big fish, bigger fish, biggest fish' 플래시 카드가 함께 있어요. 이것을 아이가 직접 색칠을 해도 좋고, 여의치 않다면 엄마가 아이와 함께 크기가 다른 물고기를 4마리 그려도 좋습니다. 상황에 유연하게 대처하며 스트레스 받지 말고 엄마표 놀이를 하셨으면 합니다.

"작은 물고기부터 큰 물고기를 순서대로 올려놓아볼까?" 아이가 물고기 그림을 크기별로 나열하도록 지켜봅니다. "노랑 물고기, 초록 물고기, 빨강 물고기, 주황 물고기. 엄마, 순서대로 다 했어요." 아이가 한국어로 이야기한 후에 영어로 말해볼 수 있게 엄마가 옆에서 함께 해주시면 됩니다. "The little fish is yellow", "The biggest fish is the orange fish" 책에 나온 표현을 그대로 이야기해주면 되니 엄마도 부담이 없고, 아이도 영어를 친숙하게 느끼며 놀이를 통해 유의미한 인풋을 차곡차곡 채워나갈 것입니다.

집에 있는 빈 상자를 가져와 구멍을 뚫어주세요. 구멍의 크기는 가장 큰 물고기가 지나가기에 살짝 걸리는 정도가 좋습니다. "There goes little fish." 엄마가 먼저 책 속 문장을 이야기하며 직접 구멍 속에 물고기를 넣는 시범을 보여주세요. 아이들은 부모가 하는 행동을 금세 따라 하는 놀라운 능력을 가졌잖아요. "이렇게 해 봐" 알려주지 않아도 아이 스스로 물고기를 구멍에 넣으며 "There goes big fish"를 말하는 모습을 보게 될 거예요. 적당한 크기의 구멍이 필요한 이유는, 책 속에서 큰 물고기들은 지나가다 걸려버리거든요. "There goes big fish. Ouch!" 아이들은 이 'Ouch!'를 외치기 위해 몇 번이나 놀이를 반복하며 즐거워한답니다.

책의 내용이 익숙해질 만큼 충분히 함께 읽고 나면 이제 아이 스스로 반복하며 만들어둔 물고기를 장난감처럼 가지고 놀 거예요. 저는 이렇게 놀이 도구를 만들고 나면 한 번 놀이하고 버리는 대신, 놀이가 끝난 후 아이들 눈에 보이는 적당한 위치에 올려두었어요. 이 물고기와 구멍 뚫은 종이 상자도 두 아이가 유치원 하원 후에 원할 때마다 꺼내어 종이 상자가 찢어질 때까지 영어 표현을 뱉어내며 가지고 놀았답니다.

물고기 그림에 클립을 끼우고 집에 있는 자석을 이용해 낚시 놀이를 할 수도 있습니다. "Where is the little fish?"라고 묻고 아이에게 시간을 주세요. 아이는 이내 작은 물고기 잡기 놀이에 빠져들 것입니다.

"Shall we make a little fish? Can you make a little fish?" 집에 있는 블록을 이용해서 크기가 다른 물고기를 아이와 함께 만들어 봅니다. 물고기를 만들며 아이는 다시 한 번 책의 표현을 입으로 뱉어내고 말해보는 기회를 얻을 것입니다.

저는 학창 시절에 했던 영어 공부 이후, 16년 만에 아이와 함께 영어 그림책을 매일 같이 꾸준히 읽었을 뿐인데 시간이 지나자 간단한 표현이 머릿속에 떠오르는 경험을 했습니다. 역시 무엇인가를 꾸준히 한다는 것은 '내가 모르는 사이에 많은 것을 바꾸어 놓는구나' 싶었어요. 반복의 힘은 그만큼 큽니다. 아이에게 영어로 말을 걸어주는 것이 효과가 있다고 조언해드리면 "아이에게 영어로 말하는 게 부끄러워요" 하시는 분들을 많이 뵈었습니다. 부끄럽다고 생각하지 마시고, 아이가 막 모국어를 배울 때 엄마가 말을 많이 들려주었던 것처럼 해주시면 됩니다. 너무 잘하려고도 말고, '내가 틀리면 어떡하지?'라는 걱정도 내려놓으시고 그 순간을 아이와 함께 즐겨보세요. 처음부터 잘하는 사람은 없잖아요. 정말로 하다 보면 늘어요. 아이의 영어도, 엄마의 영어도.

저는 같은 책을 열흘에서 2주 정도 반복해서 읽어주고, 다양한 놀이를 통해 책 속의 표현을 자연스럽게 익힐 기회를 많이 주었어요. 다양한 책을 한 번씩 읽어주는 것보다 한 권의 책을 여러 번 반복해서 읽어주는 것이 아이들을 책에 더 빠져들게 한다는 것을 경험으로 터득했습니다. 《공부머리 독서법》에서도 '독서는 양이 아니라 질'이 중요하다며 대충 읽은 100권의 책보다 제대로 읽은 한 권이 더 좋다고 이야기합니다. 한 권의 책을 반복해서 읽어주고 놀이를 함께 한다면 아이들이 얼마나 재미있게 영어를 받아들이고 체화하는지 직접 경험해보실 수 있을 거예요.

책을 읽고 놀이를 하는 모든 과정을 우리 아이의 눈높이에 맞추기 때문에, 엄마와 아이 간 유대감도 더 높아집니다. 하지만 엄마가 과한 욕심을 내거나 아웃풋을 바라는 마음을 비추면 아이들도 눈치를 채게 됩니다. '엄마가 지금 나를 공부시키는구나'라는 생각이 들게 만들면 오히려 아이들의 반감을 살 수 있어요. 우리가 함께 하고 있는 놀이 그 자체를 즐기며 아이가 '오, 이거 너무 재미있겠는데! 엄마랑 같이 해서 더 재밌는데!'라는 느낌을 받을 수 있게끔 엄마의 조바심은 내려놓으시고 함께 놀이에 빠져보세요.

위에 있을까요, 아래에 있을까요?

산책하는 암탉과 음흉한 여우 이야기가 담긴 《Rosie's Walk》를 함께 읽고는 아이들이 뒤로 넘어갔습니다. 눈앞의 먹잇감을 노리는 성질 급하지만 허술한 여우와 농장 한 바퀴 산책길에 나선 여유로운 암탉 로지의 매력에 빠져들었지요. 이렇게 아이들의 반응이 좋은 책을 읽고 망설일 필요가 없어요. 아이들과 직접 몸으로 익혀가며 '로지와 여우' 놀이를 했습니다.

놀이 방법은 매우 간단합니다. 책에 나오는 단어인 'Yard', 'Pond', 'Haystack', 'Mill', 'Fence' 등을 종이에 써서 집 안의 가구에 하나씩 붙여둡니다. 그런 다음 엄마는 책을 읽어주고 아이들은 로지가 되어 책 속의 문장을 몸으로 직접 해보는 거예요. 다른 날에는 단어를 써서 붙이지 않고 가구를 그대로 활용했습니다. "Over the sofa", "Through the chairs", "Around the fan" 등 집

안에 있는 가구와 소품들을 사용했어요. 아이가 소파를 뛰어넘는 순간, 선풍기를 돌아 나오는 순간, 세워둔 의자 사이를 지나가던 순간의 웃음소리와 그 장면이 아직도 눈에 선합니다. 재미가 있으니 아이들은 놀이를 계속하고 싶어 했고, 이렇게 놀이로 익힌 전치사는 실생활에서 거침없이 사용하게 되었답니다.

전치사가 나오는 또 다른 책으로 했던 놀이를 소개해드릴게요. 《Freight Train》은 집에 있는 블록이나 자동차 등을 이용해서 전치사 놀이를 하기에 좋은 책이랍니다. 이 책을 읽고 4살 윤택이가 집에 있는 십자블록으로 칸마다 색깔이 다른 화물열차를 만들고 전치사 놀이를 했어요. 아이가 의자를 이용해 터널과 다리도 직접 만들어놓고 열차를 움직이며 몸 놀이를 한참이나 했던 기억이 납니다.

전치사를 따로 암기하느라 애먹었던 저의 학창 시절을 생각해보면, 그때도 이렇게 몸으로 익혔더라면 더 오랫동안 기억할 수 있었을 텐데 하는 아쉬움이 듭니다. 자전거 타기나 수영처럼 몸으로 익힌 것들은 쉽게 잊히지 않고 오랫동안 하지 않았더라도 막상 닥치면 또 다시 하게 되잖아요. 전치사를 몸으로 익히는 이 놀이 역시 아이들에게 오랫동안 잊히지 않을 것이라고 생각합니다.

아이들과 《Rosie's Walk》를 읽고 몸 놀이를 할 때 도움을 받은 'Dr. Jang's Play Math' 유튜브 채널을 소개합니다. 스토리타임 후 영상 중간 부분에서는 어떻게 전치사를 익히는 게 좋은지 자세하게 예를 들어 설명해줍니다. 저는 아이들과 몸 놀이를 해본 후에 영상 속 설명처럼 블록과 모형, 플래시 카드를 이용해서 전치사를 다시 한 번 익히고 넘어갔답니다. 몸으로 먼저 익힌 다음 모형을 활용했더니 아이들이 쉽게 받아들이더군요. 전치사를 몸으로 익히는 활동은 초등 영어에도 적용해볼 만한 좋은 영어 놀이라고 생각합니다. 아이가 전치사를 어려워한다면 몸 놀이를 함께 해보세요.

우리 마트 가요!

외출했다 집에 들어가려고 보면 어느새 현관문에 마트 전단지가 붙어 있던 적이 한 번쯤은 있으시죠? 전단지를 버리지 말고 놀이에 활용해보세요. 아이와 이야기하며 같이 전단지를 가위로 오리고, 마트에서 본 것처럼 비슷한 종류끼리 묶는 활동도 해보면 좋아요. 사물을 분류하고 그룹별로 묶는 놀이를 통해 아이에게 분별력을 길러줄 수 있답니다. 각자 장보기 목록을 짠 다음 그에 맞춰 쇼핑 카트를 끌고 물건을 담아 계산까지 하는 경험을 통해 현명한 소비를 위한 눈높이 경제 교육까지 가능한 놀이랍니다. 전단지가 없다면 키즈클럽(102쪽 참조)에서 사이트의 'Topic-Food & Nutrition-Let's Go Shopping'을 이용해보세요.

7살, 5살 아이들과 함께 전단지를 오린 다음, 전지에 아이들의 성을 따서 'H mart'라고 적어두었습니다. 물건들을 전지에 배열

한 뒤 각자 쇼핑 카트를 끌고 쇼핑을 합니다. 이때 저는 미리 외워둔 "Could you pick up some bananas?" 이 한 문장에서 음식 이름만 바꿔서 질문해가며 윤택이와 마트 놀이를 했어요. 영어로 음식의 이름을 익힐 때 그림책을 보면서 익혀도 좋지만, 마트 놀이를 통해 물건을 구입하는 상황 속에서 익히게 하면 아이들에게 즐거움은 물론이고 발화의 기회를 많이 줄 수 있답니다.

놀이를 계속하다 보니 아이가 상황을 다양하게 연출하며 놀이를 주도하기도 했습니다. "내일이 아빠 생신인데 아빠가 좋아하는 고기랑 토마토가 필요해요", "유치원에서 과자 파티를 한다고 좋아하는 과자랑 음료수를 하나씩 가져오라고 했어요" 등 일상생활에서 겪었던 일들을 마트 놀이와 통합해 즐기는 것이었습니다. 다양한 상황을 스스로 만들어가며 '어떤 음식을 만들 것인지', '왜 이 물건이 필요한지' 등의 대화를 하니 아이들이 정말로 필요한 물건인지 아닌지 한 번 더 생각을 해보는 좋은 경험도 하게 되었습니다. 그 과정에서 자연스럽게 영어에 노출되고 영어로 이야기할 수 있었지요. 아이들에게는 영어가 어렵거나 힘든 것이 아니라 놀면서 배우는 언어라는 자연스러운 인식을 심어줄 수 있었습니다.

제가 마트 갈 때 항상 살 목록을 적어가는 것을 유심히 관찰했나 봐요. 7살 은택이는 다양한 상황을 연출하고 그에 따라 구매 목록을 작성하고서 필요한 물건을 구입했답니다. 마트에서 물건을 사고 돈을 지불하는 것이 떠올랐는지 아이가 제안했습니다.

"엄마, 물건마다 가격을 정하고 계산을 하면 어때요?" 종이돈을 만들자니 놀이의 흐름이 끊어질 것 같았어요. "태권도 클로버를 이용해요!" 아이가 다니던 태권도 학원에서는 수업에 열심히 참여한 친구들에게 보상의 의미로 클로버 카드를 주었습니다. 나중에 태권도 학원에서 클로버 시장이 열리면 돈처럼 물건을 구입할 수 있는 카드랍니다. 그것을 실제 마트 놀이에 이용해보자는 제안에 망설일 이유가 없었습니다. 물건마다 100, 300, 500 클로버라는 화폐 단위를 만들어서 아이가 쇼핑 카트에 물건을 담아 오면 스스로 계산을 하게 하고, 엄마는 계산원이 되어 클로버 화폐를 받았습니다.

시작은 영어로 식료품과 음식의 이름을 익히는 것이었지만 놀이를 하다 보니 어느새 아이들의 놀이 주도성이 발휘되었고, 놀이 통합이 이루어졌습니다. 엄마표 놀이는 엄마가 주도해서 모든 것을 해야 하는 것이 아닙니다. 이렇게 놀다 보면 자연스럽게 놀이의 주도권이 아이들에게 넘어가게 되어 있어요. 그러니 부담을 내려놓고 일단 시작해보시라고 말씀드리고 싶어요.

엄마표 영어에 도움이 되는 무료 앱

"가장 큰 문제는 엄마들이 일관성이 없다는 거예요. 오늘은 괜찮으니 내일 하자, 다음에 하자, 이렇게 미루면 아이는 미루는 걸 당연하게 여기게 되는 거예요!"

오은영 박사가 훈육 관련 강의에서 한 이야기입니다. 엄마와 아이가 함께 하는 영어 놀이도 마찬가지라고 생각합니다. 우리가 매일 밥을 먹고 잠을 자고 숨을 쉬는 것처럼 영어도 매일 해야 합니다. 한 번 두 번 미루다 보면 아이도 엄마도 미루는 것을 당연하게 여기게 됩니다. 매일 할 수 있으려면 아이에게도 엄마에게도 방법이 쉬워야 합니다. 엄마가 하기 쉬운 일부터 시작해야 미루지 않고 해나갈 수 있지 않을까요?

매일 할 수 있는 작은 루틴부터 만들어보세요. 영어 그림책 2~3권 읽어주기, 하루 1~2시간 영어 동영상 함께 보기, 책 속의 표현으로 5~10분간 간단한 놀이 해보기 등 작고 구체적인 계획을 세우고 실천해보세요. 매일 영상을 보고 책을 읽어주는 루틴에, 여기에서 소개하는 무료 영어 앱을 병행해보세요. 저는 영알못 엄마라 아이들에게 파닉스를 알려주어야겠다는 생각은 한 번도 하지 않았습니다. 하지만 영상과 책을 통해 어느 정도 영어에 익숙해진 아이들이 별도의 파닉스 수업 없이도 앱을 통해 기본 음가를 터득해 나가는 모습을 볼 수 있었습니다. 엄마가 보는 앞에서 재미있는 영어 앱을 15분 정도 사용하는 시간을 루틴 속에 넣어주면 좋을 것 같습니다. 매일 아이와 함께 한다면 영어 노출 시간은 두 시간을 훌쩍 넘어갈 겁니다. 루틴을 먼저 잡고 매일 꾸준히 해보세요.

다음에 소개하는 앱은 앱스토어, 구글플레이에서 다운로드할 수 있습니다.

① 칸 아카데미 키즈

영어 학원을 처음 가게 되면 알파벳과 파닉스부터 시작할 거예요. 저는 길거리를 지나다니며 '파닉스 3개월 과정'을 홍보하는 현수막을 많이 보았는데, 일반적으로 몇 달씩 파닉스를 배우고 나서도 파닉스 규칙을 완전히 이해하기란 어렵습니다. 영어 단어는 파닉스 규칙을 따르지 않는 예외적인 경우가 많기 때문이지요. 처음부터 지루한 파닉스 수업을 듣지 않아도, 영어 그림책과 영어 영상으로 영어 소리에 대한 분별력이 생겼을 때 편안한 집에서 앱만으로도 기본적인 파닉스 규칙을 충분히 학습할 수 있습니다.

칸 아카데미 키즈Khan Academy Kids 앱은 기본 알파벳, 파닉스, 문장 만들기, 기초 리더스북, 수학, 어느 하나 빠짐없는 구성에다 무료입니다. 아이들의 미디어 사용을 막을 수 없다면, 좋은 교육용 앱을 적극 활용하셨으면 좋겠어요. 하루에 15~20분 정도 알파벳과 파닉스부터 시작한다면 학원에 가서 몇 개월 과정의 파닉스 수업을 듣는 것보다 훨씬 경제적이고 아이도 엄마도 즐거운 영어 공부를 할 수 있답니다.

혼자서 챕터북을 읽으며 조금 더 영어를 잘하는 친구들이라면 칸 아카데미Khan Academy 앱을 활용해보세요. 인도계 미국인 살만 칸이 만든 무료 교육 사이트입니다. 살만 칸이 멀리 떨어져 있는 조카에게 수학을 가르쳐주기 위해 유튜브에 동영상을 올리기 시작했고, 설명을 잘하는 '칸 아저씨'의 강의를 많은 사람이 보게 되면서 비영리단체인 칸 아카데미를 창립하게 되었다고 해요. 수학은 기본 수학, 연산부터 고등 및 대학 수학까지 체계적으로 되어 있습니다. 살만 칸이 MIT에서 수학, 전기공학, 컴퓨터 과학을 전공한 인재에다가 많은 후원을 받고 있어서 과학 분야도 생명과학, 물리학, 천체, 화학, 유기화학 등 다방면에서 높은 수준의 강의를 들을 수 있답니다.

(2)   스타폴닷컴

스타폴닷컴Starfall.com 역시 알파벳과 기본 파닉스를 익힐 수 있는 앱이랍니다. 은택이가 〈Leap Frog〉 DVD를 보며 파닉스의 기본을 배우던 시절에 이 앱과 병행하면서 수학, 문장 만들기, 읽기, 노래 등 다채로운 콘텐츠를 활용해 파닉스를 익혔답니다. 단, 이 앱은 무료 버전에서는 사용할 수 있는 콘텐츠에 제한이 있어요. 저희는 무료 콘텐츠를 남김없이 활용한 후 유료 결제를 했을 정도로 아이가 좋아하며 즐겁게 영어 공부를 했답니다.

③ 케이크

제가 영어 공부를 할 때 쓰는 앱인데, 앱 안에 여러 유아 채널이 있어요. 그중 제가 추천하는 채널은 'Peppa Pig-Official Channel'이에요. 페파 피그 영상에 맞춰서 듣고 있는 음성을 바로 소리 내어 따라 하는 섀도잉Shadowing을 하며 빈칸 채우기를 하는 방식인데, 아이들이 페파 피그를 좋아한다면 섀도잉을 연습하기에 좋답니다. 구간 반복도 되고, 아이가 영어 문장을 말해볼 수 있고, 비슷한 상황에서 적용하기에 참 좋아요.

그 밖에 앱에서 '유아'라고 검색해보시면 많은 채널이 있어요. 디즈니 만화를 좋아하는 친구들이라면 디즈니 채널에서 영화를 활용해보세요. 케이크Cake 앱에서 리틀팍스 영어 동화 몇 편을 볼 수 있으니, 아이에게 보여주고 반응이 괜찮다면 영어 DVD 대신 듣기용으로 활용해도 좋답니다.

부록

영어 독후 활동에 도움이 되는 사이트

(1) 키즈클럽

키즈클럽은 유·초등 어린이들을 위한 무료 영어 학습 사이트입니다. 제가 엄마표 영어 놀이를 시작하고 역할극role play이나 상황극을 하며 아이들과 책 속의 내용을 주고받을 때 자주 방문해 많은 도움을 받은 사이트예요. 자료가 꾸준히 업데이트되고 있어서 엄마표 영어 놀이에 매우 유용하답니다. 자료를 보려면 '어도비 리더'가 있어야 해요. 사이트에서 이용할 수 있는 주요 자료들을 소개합니다.

- ABC's: 알파벳 관련 활동과 글쓰기 자료들
- PHONICS: 발음 관련 활동지와 다양하게 활용 가능한 활동 자료들

은택이의 경우 혼자 DVD를 보며 영어 발음을 익히고 읽기를 시작했지만 종종 발음 관련 활동지를 사용해서 복습도 해주었습니다. 'He', 'was', 'the', 'is', 'of' 등과 같이 영어 문장에 자주 등장하는 단어인 사이트 워드sight word는 파닉스의 규칙으로 읽는 것이 아니라 첫눈에 보고 바로 읽을 수 있을 정도로 통째로 암기를 해야 합니다. 기초적인 사이트 워드만 알고 있어도 ORT(옥스포드 리딩트리) 2단계 정도의 쉬운 리더스 북을 읽을 수 있을 정도예요. 저는 사이트 워드를 출력한 후 코팅해서 플래시 카드로 만들어놓고, 일주일에 몇 단어씩 노출해주었어요. 이렇게 익힌 사이트 워드 덕분에 영어 읽기를 수월하게 시작할 수 있었답니다.

- TOPICS: 주제별 활동지
주제별로 책을 묶어서 읽고 놀이를 진행할 때 유용하게 활용할 수 있습니다.
- STORIES & PROPS: 동화책을 읽어줄 때 활용 가능한 도안과 리딩 북
영어 그림책을 읽어주고 놀이를 할 때 사용할 수 있는 활동지가 있답니다. 컬러와 흑백 인쇄가 모두 가능해요.
- NURSERY RHYMES: '머더구스의 노래'와 미니 북, 도안, 단어 카드들
- CRAFTS: 주제별 만들기 자료
- FLASHCARDS: 단어 카드들

• TEACHING EXTRAS: 클립아트와 교사용 자료들

www.kizclub.com

② 핀터레스트

사이트 검색창에 '책 이름 + activities'를 넣어 검색하시면 책과
관련한 다양한 자료가 나옵니다. 사진 기반 SNS라 미술과 디자
인 관련 핀들이 많이 올라옵니다. 무료 다운로드가 가능한 자료
도 있고 저작권상 무료가 아닌 자료도 있답니다. 이미지를 다운
로드 후 바로 쓸 수 있어 아이들과 놀이할 때 애용했습니다. 저작
권이 있는 자료인 경우 다운로드를 받지 않더라도 그 사진을 참
고해서 좋은 아이템과 아이디어를 많이 얻을 수 있었고, 이를 미
술 놀이할 때 활용했답니다.

www.pinterest.co.kr

③ 슈퍼심플송

유튜브 채널 'Super Simple Songs-Kids Songs'와 함께 활용하기
좋은 활동지 사이트입니다. 무료이며 카테고리별로 다양한 자료
가 있답니다. 엄마표 영어를 하는 많은 분이 아이들의 흥미와 관
심을 높이기 위해 영어 노래로 시작하시는 경우가 많습니다. 이때
엄마와 아이가 유튜브 채널을 같이 보면서 노래를 부르고 율동을
따라 하며 함께 놀고 활용하기에 좋은 자료들이 많이 있어요.

supersimple.com/content-type/worksheets/

미국 도서관 추천 영어 그림책

탈것(Things that Go)

도서명	작가	출판사
Little Tug	Stephen Savage	Roaring Brook Press
My Car	Byron Barton	Greenwillow Books
My Bus	Byron Barton	Greenwillow Books
Mr.Gumpy's Motor car	John Burningham	HarperCollins
Moon plane	Peter McCarty	Henry Holt and Co.
Hello Airplane!	Bill Cotter	Sourcebooks Jabberwocky
Choo Choo	Petr Horacek	Candlewick
The Goodnight Train	June Sobel	Clarion Books
Go! Go! Go! Stop!	Charise Mericle Harper	Knopf Books for Young Readers
Down By the Station	Annie Kubler	Childs Play Intl Ltd

알파벳(Alphabet)

도서명	작가	출판사
ABC Animal Jamboree	Giles Andreae	Tiger Tales
LMNO Peas	Keith Baker	Little Simon
Eating the Alphabet	Lois Ehlert	HMH Books for Young Readers
Take Away the A	Michaël Escoffier	ANDERSEN PRESS
The Letters Are Lost	Lisa Campbell Ernst	Puffin Books
Z Is for Moose	Kelly Bingham	Greenwillow Books
Alphabet Under Construction	Denise Fleming	Square Fish
Kipper's A to Z	Mick Inkpen	Clarion Books
Chicka Chicka Boom Boom	Bill Martin Jr., John Archambault	Little Simon
ABZZZ...	Isabel Minhós Martins, Yara Kono	Thames & Hudson
Alphabet Mystery	Audrey Wood	Blue Sky Press

베드타임(Bed Time)

도서명	작가	출판사
No Jumping on the Bed!	Tedd Arnold	Puffin Books
Good Night, Gorilla	Peggy Rathmann	G.P. Putnam's Sons Books for Young Readers
Good-Night, Owl!	Pat Hutchins	Little Simon

Good Night Owl	Greg Pizzoli	Little, Brown Books for Young Readers
Good Night, Sam	Marie-Louise Gay	Groundwood Books
Again!	Emily Gravett	Simon & Schuster Books for Young Readers
Mother, Mother, I Want Another	Maria Polushkin Robbins	Dragonfly Books
In the Night Kitchen	Maurice Sendak	HarperCollins
Many Moons	James Thurber	Clarion Books
I Don't Want to Go to Sleep	Dev Petty	Doubleday Books for Young Readers

숫자(Number)

도서명	작가	출판사
Anno's Counting Book	Mitsumasa Anno	Crowell
Big Fat Hen	Keith Baker	Clarion Books
Ten, Nine, Eight	Molly Bang	Greenwillow Books
Night Light	Nicholas Blechman	Orchard Books
The Very Hungry Caterpillar	Eric Carle	The World of Eric Carle
The Doorbell Rang	Pat Hutchins	Greenwillow Books
One Is a Snail, Ten is a Crab: A Counting by Feet Book	April Pulley Sayre, Jeff Sayre	Candlewick

색깔(Color)

도서명	작가	출판사
Blue Hat, Green Hat	Sandra Boynton	Boynton Bookworks
Freight Train	Donald Crews	Greenwillow Books
Color Zoo	Lois Ehlert	HarperFestival
Green	Laura Vaccaro Seeger	Roaring Brook Press
Mouse Paint	Ellen Stoll Walsh	Clarion Books
A Color of His Own	Leo Lionni	Random House
The Colour Monster	Anna Llenas	Little, Brown Books for Young Readers
Mary Wore Her Red Dress and Henry Wore His Green Sneakers	Merle Peek, James Cross Giblin	HMH Books
Pete the Cat: I Love My White Shoes	Eric Litwin	HarperCollins Inc
My Many Colored Days	Dr. Seuss	Red Fox

5~7살을 위한 책

도서명	작가	출판사
Go Away, Big Green Monster!	Ed Emberley	Little, Brown and Company
It's Only Stanley	Jon Agee	Rocky Pond Books
Nana in the City	Lauren Castillo	Clarion Books
Corduroy	Don Freeman	Viking Books for Young Readers

Is Your Mama a Llama?	Deborah Guarino	Perfection Learning
The Seven Silly Eaters	Mary Ann Hoberman	Clarion Books
Open This Little Book	Jesse Klausmeier	Chronicle Books
Dot	Patricia Intriago	Farrar, Straus and Giroux
Not a Box	Antoinette Portis	HarperCollins
Good Boy, Fergus!	David Shannon	The Blue Sky Press
Russell the Sheep	Rob Scotton	HarperFestival
The Carrot Seed	Ruth Krauss	HarperFestival
The Watermelon Seed	Greg Pizzoli	Little, Brown Books for Young Readers
Don't let the Pigeon Drive the Bus!	Mo Willems	Hyperion Books
I Want My Hat Back	Jon Klassen	Candlewick
Olivia	Ian Falconer	Atheneum Books for Young Readers
The Mitten	Jan Brett	G.P. Putnam's Sons Books for Young Readers
We're Going on a Bear Hunt	Helen Oxenbury, Michael Rosen	Little Simon
Where is the Green Sheep?	Mem Fox, Judy Horacek	Harcourtchildren's Books
The Napping House	Audrey Wood	Clarion Books

부록

개인적으로 추천하는 재미있는 영어 그림책

도서명	작가	출판사
Shh! We Have a Plan	Chris Haughton	Candlewick
I say Ooh You say Aah	John Kane	Templar
Where's Halmoni?	Julie Kim	Little Bigfoot
Still Stuck	Shinsuke Yoshitake	Abrams Books for Young Readers
If I Built a School	Chris Van Dusen	Rocky Pond Books
My Lucky Day	Keiko Kasza	Puffin Books
The Happy Little Yellow Box	David A. Carter	Little Simon
The Wolf, the Duck and the Mouse	Mac Barnett	Candlewick
Baa Baa Smart Sheep	Mark Sommerset	Candlewick
I Love Lemonade	Mark Sommerset	Candlewick

That Is Not a Good Idea!	Mo Willems	Balzer + Bray
Frog and Fly	Jeff Mack	Philomel Books

Chapter —— 3

모든 것이 과학!
호기심을 키우는 엄마표 과학 놀이

"왜?" 질문이 무서운 엄마

4~5살 아이들이 한창 "이게 뭐야?" 질문하는 시기를 지나고 나면, 6~7살 아이들은 한 걸음 더 들어간 "왜?"라는 질문을 끊임없이 합니다.

저도 우리 아이들의 그때를 돌이켜보면 처음에는 '어쩜 이런 질문을 다 하지?' 기특하고 신기하다가도, 하루에도 몇 번씩 반복되는 질문에 솔직히 힘겨운 적도 많았습니다. 게다가 두 아이가 경쟁적으로 질문하면 정신이 혼미할 때가 한두 번이 아니었어요. 한 녀석과 대화하고 있으면 다른 녀석도 옆에서 질문을 던지며 엄마를 사이에 두고 서로 먼저 말하겠다고 다툼을 벌이는 모습, 아이가 둘 이상 있는 집에서는 흔한 풍경이지요.

엄마들을 무섭게 하는 아이들의 "왜?"라는 질문은 아이들이 인지능력이 발달하며 주변 사물의 크기, 모양, 색 등에 관심이 많아지면서 나타나는 자연스러운 현상이라고 합니다. 아이들은 질문을 통해 세상을 받아들이고 그 세상과 일상을 연결하는 법을 터득해갑니다. 질문하며 궁금증을 해소하기도 하지만, 질문하기 위해 생각하고 또 그 질문에 답을 하기 위해 생각하면서 아이들의 사고력이 자연스럽게 길러집니다. 질문을 멈춘다면 아이들은 생각하기를 멈추게 될 것이고, 세상에 대한 호기심과 관심의 정도가 줄어들 것입니다.

호기심에 반짝이는 눈빛으로 질문을 쏟아내던 아이들은 어느 순간부터 질문을 하지 않고 입을 꾹 다뭅니다. 초등학교 수업에서 인기 있는 과목이 무엇인 줄 아세요? 당연히 가장 인기 있는 과목은 체육이고, 그다음이 과학이라고 합니다. 호기심이 잔뜩 생길 만한 세상을 보여주며 평소 만져보지 못했던 도구로 실험을 해볼 수 있기 때문이라고 생각합니다. 하지만 중학교 과학 수업 시간의 교실을 둘러보면 입을 다문 아이들이 대부분입니다. 교사가 질문이라도 할라치면 아이들은 눈부터 피하고 보지요. 학생들이 질문을 하지 않는 교실에서는 제대로 된 배움도 일어날 수 없습니다. 그저 선생님이 알려주는 대로 흘려듣고 마니, 오늘 수업한 내용을 교사가 다음 시간에 되물어보면 제대로 대답하는 친구는 두어 명에 불과하게 됩니다. 잘못된 질문을 할까 두려워서, 자신이 없어서 등 질문을 하지 않는 이유는 다양하겠지만, 질문을 하지 않는 순간 아이들은 생각을 멈추게 됩니다.

과학은 주변에 호기심을 갖고 궁금해하면서 질문을 통한 다양한 경험으로 배움의 즐거움을 느끼기에 좋은 과목입니다. 우리 생활 전반에 과학이 있기 때문이지요. 질문하면서 아이가 스스로 탐구하고 몰입하는 과정들이 아이를 능동적인 학습으로 이끌고 사고력을 키워줍니다. 아이의 질문에 부모가 제대로 대처해주기만 한다면 아이를 능동적인 학습자, 배움을 즐기는 아이로 키울 수 있는 것입니다.

아이의 질문을 더 이상 두려워하지 마세요

앞에서 말씀드린 것처럼 "엄마, 이건 왜 그래요?"라고 묻는 아이에게 "왜 그럴까?"라고 질문으로 돌려주어보세요. 엄마가 정답을 말해줘야 한다는 고정관념에서 벗어나, 아이의 호기심을 계속 유지한 채 대화를 이어나가는 방법이랍니다.

1901년부터 2016년까지의 노벨상 수상자 중 약 22퍼센트, 아이비리그 재학생 중 4분의 1이 유대인이라고 하지요.[*] 인구수로는 세계 인구의 0.2퍼센트에 불과한 유대인들이 법률, 언론, 금융, 경제 분야 등에서 전 세계적으로 두각을 나타내고 있습니다. 이는 유대인들이 어린 시절 가정에서부터 익힌다는 '하브루타' 덕분입니다. 토론하고 논쟁하는 하브루타에서 가장 중요한 것은

[*] 고재학, 《부모라면 유대인처럼》, 예담, 2010
    <tvN Shift 2020> '질문으로 자라는 아이' 편

'질문과 대화'입니다. 대화가 지속되기 위해서는 계속해서 질문을 생각해내야 합니다. 질문을 하려면 생각을 해야 하고, 생각을 하려면 머리를 써야 하지요. 이렇게 질문과 대화의 순환 고리 속에서 부모와 자식 관계뿐만 아니라 아이의 사고력과 창의력도 좋아지는 것입니다. 유대인의 힘은 바로 질문과 대화가 끊이지 않는 가정에서 나온다고 볼 수 있습니다.

다큐멘터리 〈tvN Shift 2020〉의 '질문으로 자라는 아이'편에 인상 깊은 유대인 가족이 나옵니다. 밥상머리에서 자녀와 질문을 주고받으며 토론을 하는 유대인 엄마 제니퍼 그로스맨은 이렇게 이야기합니다. "아이에게 질문하는 것이 창의성을 발달시킨다고 믿어요. 그래서 우리는 항상 아이들이 깊게 생각할 수 있도록 끊임없이 질문을 던지죠." 그녀는 아이들의 창의력을 길러주려면 "어떻게 생각하니?", "왜 그렇다고 생각하니?" 등 열린 질문을 하라고 조언합니다. 아이들이 계속해서 생각을 하고 질문을 할 수 있도록 "더 넓게 생각해보자", "좋은 질문이었어" 같은 격려도 해주면서요. 아이에게 정답을 말해주어야 한다는 부담을 내려놓는다면, 이 정도는 우리도 일상생활에서 충분히 할 수 있지 않을까요?

유아기 과학에서 가장 중요한 것은
무엇일까요?

지난겨울 온 가족이 강릉으로 여행을 다녀왔습니다. 코로나로 인해 실내 생활만 하다가 오랜만에 넓은 겨울 바다를 보고 신난 아이들은 추운지도 모르고 뛰어놀기 바빴습니다. 바닷가에서 아이들에게 주변을 둘러볼 시간을 주었습니다. 아이들은 신나게 뛰어다니다가 이내 바닷가를 탐색하기 시작했습니다. 모래사장에 떨어진 조개껍질도 줍고 모래 놀이도 하다가 파도가 눈에 들어왔나 봅니다. 남편과 커피를 마시며 근처에서 지켜보니, 둘이 파도를 놓고 대화를 나누는 것이 어렴풋이 들려왔습니다. 둘은 한참을 속닥이다 엄마에게 돌아와서는 궁금한 것을 쏟아내기 시작했습니다. "엄마, 지난번에 본 강물은 얼어 있었는데 왜 바닷물은 얼지 않아요?" "파도는 왜 바다에서만 치나요?" "왜 어떤 날은 파도가 세게 치고 어떤 날은 파도가 약하게 쳐요?"

아이들에게 심심함을 선물해주어야 하는 이유, 눈치채셨나요? 아이가 심심하고 마음의 여유가 있어야 주변으로 눈을 돌리게 됩니다. 이내 관찰은 호기심으로 이어져 궁금한 것들이 생기지요. 주변 사물을 관찰해보고 "왜 그럴까?" 고민해보는 것이 바로 과학으로 들어가는 길입니다.

그렇다면 유아기 과학에서 중요한 것은 무엇일까요? 바로 집, 유치원, 놀이터, 집 근처 공원이나 산 등 주변을 관찰하는 것입니다. 밖에 나가 뛰어놀며 바깥세상을 관찰하는 것만큼 질문과 호기심이 생겨나기 좋은 기회는 없다고 봅니다.

아이의 질문을 기다려주세요

아이들이 호기심을 느끼기도 전에 엄마가 이것저것 설명하고 정답을 말해주지 마시고, 아이가 충분히 관찰하고 느낄 수 있도록 시간을 주셨으면 합니다. 과학관이나 박물관에 가면 자주 보이는 광경이 있지요. 엄마 손에 이끌려 지루한 표정으로 돌아다니는 아이와 질문을 퍼부으며 설명해주는 엄마. 아이가 묻지도 않았는데 "나뭇잎은 단풍이 들고 겨울이 되기 전에 떨어져" 같은 친절한 설명은 자제해주시면 좋겠어요. 아이가 계절의 변화를 눈으로 보며 "여름에는 초록색이었던 이파리가 색깔이 바뀌었네. 왜 그래요?"라고 물어볼 수 있게 기다려주세요. 아이들은 시간과 여유가 충분하다면 주변으로 눈을 돌려 호기심을 표출하게 되어 있습니다. 아이들은 본능적으로 궁금한 것을 참지 못하거든요.

아이가 반짝이는 눈으로 물어보면 "어떻게 그런 생각을 다 했어?"라고 칭찬하며 긍정의 메시지를 주세요. 자신감을 얻은 아이는 또다시 주변으로 눈을 돌려 탐구하려 할 것이고, 도전하려는 마음이 생길 것입니다. 아이들이 생각 주머니를 넓혀갈 수 있도록, 관찰하고 생각하고 질문할 수 있는 시간을 주세요. 과도한 자신감을 가진 미취학 아동들의 자존감이 가장 높다고 합니다.[*] 부모와 자녀가 주변을 둘러보며 함께 보낸 시간들이 아이의 자신감과 자존감을 자연스럽게 키워줄 것입니다.

아이들이 주변에 호기심을 갖고 질문과 대답을 하는 과정에서 부모가 모든 것을 다 알려줄 수는 없잖아요. 저도 제 전공이 아닌 분야에 대해서 아이들이 질문을 해오면 쉽게 대답하기 어려운 부분이 있는데, 그럴 때는 아이들과 같이 관련 도서와 유튜브 채널들을 찾아본답니다. 이렇게 궁금했던 부분을 해결하고 나면 꼬리를 물며 또 다른 궁금증이 생겨나 하나의 주제를 깊고 넓게 확장해나가며 아이들의 호기심을 채워갈 수 있습니다. 시중에 좋은 과학책이 많이 있으니 이를 적극적으로 활용하셔서 아이의 질문이 끊이지 않게 호기심을 유지시켜주시고 배경 지식을 확장시켜주세요. 집에 관련 도서가 없을 경우 아이와 함께 과학을 주제로

[*]   로베르타 골린코프, 캐시 허시-파섹, 《최고의 교육》, 김선아 옮김, 예문아카이브, 2018

한 유튜브 채널을 보며 대화를 나누는 방법도 좋습니다. 유튜브 영상을 활용한 놀이는 5장에서 자세히 소개하겠습니다.

체험은 다양하게

근처에 다양한 과학 체험을 할 수 있는 과학관이 있다면 아이와 함께 방문해보시길 추천합니다. 어린이과학관이나 교육청 산하기관인 과학교육원도 좋습니다. 과학교육원은 무료입장에, 전시실 및 체험관의 구성이 다채로우며 좋은 프로그램을 갖추고 있습니다. 아이들이 주변에서 보았던 것, 책과 영상으로 보았던 것들을 직접 체험해보는 것 또한 과학에 대한 아이들의 흥미와 호기심을 충족시켜주기에 좋은 방법이랍니다.

더 나아가 과학을 좋아하는 어린이들을 보면 과학 실험을 좋아하는 경우가 많은데, 유아 실험은 해도 좋고 안 해도 상관없습니다. 주변을 관찰하고 관련 책도 충분히 읽고 다양한 체험도 했는데 아이가 실험까지 해보고 싶어 한다면, 해주시면 좋지요. 하지만 처음부터 과학 실험에 목적을 두고 아이를 실험 학원에 보내는 것은 말리고 싶습니다. 과학 실험은 가설을 세우고 실험을 설계하고 변인을 통제하는 일련의 어려운 과정으로 이루어집니다. 우리가 흔히 보는 과학 실험 학원의 커리큘럼이나 키트 실험이 전부가 아니라는 이야기입니다. 선생님이 가설을 정해주고 안내해주는 실험 방법에 따라 실험을 하고 보고서도 형식대로 쓰는 학원보다는 집에서 간단한 재료를 이용해서 이렇게도 해보고 저렇게도 해보는 과정이 아이에게 과학에 대한 흥미와 호기심을 길러주기에 더 적합합니다.

관찰은 창의성의 첫걸음입니다. '하늘 아래 새로운 것은 없다'라는 말이 있습니다. 창의성이란 무에서 유를 만드는 것처럼 완전히 새로운 것을 만들어내는 행위가 아님을 의미합니다. 새로운 아이디어는 늘 기존의 것과 결합해서 만들어지기 마련이지요. 그 첫 시작은 바로 주변을 관찰하고, 관찰한 것에서 남들이 보지 못한 새로운 것을 찾아내는 것입니다. 유아기에 많은 것을 보고 느끼고 경험하게 해야 할 이유가 여기에 있습니다.

저절로 이동하는 색소물 놀이

2021년 가을, 제가 수업을 마치고 나온 중학교 2학년 학급에서 코로나 확진자가 발생했습니다. 상황은 급작스럽게 전개되어 갑자기 모든 수업이 원격으로 전환되었습니다. 저는 학교로부터 밀접 접촉자로 분리되어 격리 통보를 받았습니다. 퇴근길에 아무것도 챙겨오지 못한 데다 혼합물의 분리 실험 수업을 준비하고 있던 찰나에 원격 수업이라니…. 과학실에서 실험 수업을 한 후 크로마토그래피Chromatography를 활용한 캘리그래피 작품을 만들어 전시하려던 계획은 수포로 돌아갔습니다.

잠시 머리가 멍해졌지만, 다음 날 수업을 위해 학생들이 집에서도 손쉽게 할 수 있는 실험은 없을까 찾아보기 시작했습니다. 아이들의 책상을 둘러보다 윤택이가 그림을 그리려고 꺼내놓은 스케치북과 사인펜이 눈에 들어왔습니다. '저거면 되겠다!' 싶어 서

둘러 사전 실험을 해보고 실험 동영상을 찍었습니다. 모든 과정을 옆에서 지켜보던 두 아이의 반짝이는 눈빛이 느껴졌습니다. 말하지 않아도 눈빛을 보면 알 수 있었지요. "우리 오늘 마술 실험 해볼까?" 마술이라는 말에 아이들이 들뜬 반응을 보였습니다.

"이게 뭐지?"

"그림 그릴 때 쓰는 사인펜이에요."

"그래, 맞아. 오늘 마술은 사인펜을 사용할 거야. 같이 해보자."

실험은 매우 간단합니다. 검은색과 그 외 다양한 색의 수성 사인펜, 키친타월, 나무젓가락(혹은 무게감이 있는 기다란 막대), 스카치테이프, 자, 연필, 입구가 넓은 긴 컵(꽃병)을 준비해주세요.

연필과 자를 이용해서 키친타월의 아래에서 3센티미터 정도 위에 직선을 그어주세요. 검은색 사인펜과 다른 여러 색의 사인펜으로 선 위에 점을 하나씩 찍어줍니다. 이때 사인펜을 한 번에 꾹 눌러서 큰 동그라미를 만들면 실험이 잘 안 되니, 먼저 작게 점을 찍고 사인펜이 마르면 그 위에 다시 점을 찍는 과정을 서너 번 반복해줍니다. 점을 찍어둔 키친타월을 나무젓가락에 스카치테이프로 고정하고, 물이 담긴 컵에 키친타월의 끝부분만 잠길 정도로 담가주세요. 이때 물의 높이는 반드시 사인펜으로 찍은 점 위치보다 낮아야 합니다. 이제 물이 키친타월을 타고 올라가면서 나타나는 사인펜 점의 변화를 아이와 함께 관찰해보세요.

실험을 지켜보던 형제가 빠르게 번지는 물과 사인펜 점을 바라보며 질문을 했습니다.

"엄마! 왜 검은색 사인펜을 찍은 자리에 노란색, 보라색, 파란 색이 보이죠?"

"우와! 형, 진짜 신기하다. 검은색이 분리되었어."

"주황색은 연한 빨간색과 노란색으로 분리되네!"

처음부터 너무 많은 것을 미리 알려주지 마시고, 실험을 하고 충분한 시간 동안 관찰을 하게 해보세요. 엄마가 의도하지 않아도 아이들은 현상에서 과학적인 것들을 관찰하고 발견해내게 되어 있습니다.

"정말 검은색, 주황색 사인펜이 다른 색들로 분리가 되었네? 왜 그럴까?" 아이들이 실험 과정을 차근히 지켜보는 것만으로도 수성 사인펜 색소가 분리되었다는 것을 관찰했다면, 이제 엄마는 아이가 역으로 생각을 해볼 수 있도록 질문하고 조금만 도와주면 되겠지요. "사인펜의 색이 다른 색으로 분리된다는 것은 처음에 어떻게 있었다는 걸까?"

사인펜의 색깔은 빨간색, 주황색, 보라색, 초록색, 파랑색 등 아주 다양합니다. 하지만 이렇게 다양한 색깔들은 모두 빨간색, 노란색, 파란색이라는 3가지 색소를 섞어놓은 혼합물의 색깔입니다. 혼합물이란 2가지 이상의 물질이 섞여 있는 물질을 말하며, 이때 섞여 있는 각 물질은 원래의 성질을 그대로 가지고 있습니다. 이것을 이용하여 혼합물에서 혼합되기 전의 물질을 분리해낼 수 있습니다. 예를 들면 바닷물을 증발시켜 소금을 얻는 것처럼 말이죠. 따라서 사인펜의 다양한 색깔도 원래의 색깔들로 분리할 수 있습니다.

수성 사인펜이 종이에 그림을 그릴 때와 다르게 여러 색으로 분리되는 모습을 볼 수 있는 이 실험이 혼합물을 분리하는 실험 기법 중 하나인 크로마토그래피입니다. 물 입자들이 키친타월 위를 이동하면서 다양한 색소 입자가 각자의 속도대로 물 입자를 따라서 이동을 하는데, 이때 이동 속도 차이에 의해 혼합물인 잉크가 분리되는 것입니다. 이 실험으로 여러 색의 수성 사인펜이 서로 다른 색의 혼합으로 만들어져 있다는 사실을 확인할 수 있지요.

정답을 바로 알려주는 대신 아이에게 충분히 관찰할 시간과 생각할 수 있는 여유를 주셨으면 합니다. 아이가 정답을 말하지 않아도 괜찮아요. 아이 스스로 생각해보는 시간이 더 중요한 것이니까요. 아이가 정답을 말하지 못했다고 해서 서운하게 여기거나 실망하지 마시고, 새로운 대답을 해낸 아이를 칭찬해주세요. 작은 칭찬이 아이에게는 생각하는 힘을 키워주는 시작이 될 수 있답니다.

귤껍질의 비밀

어느 추운 겨울날, 손톱 밑이 노래질 때까지 귤을 까먹으며《감귤 기차》책을 읽었습니다. 아이들은 남은 귤로 기차를 만들어 놀기 시작했어요. 집에 있는 블록으로 만든 다리 위를 지나던 귤 기차 1칸이 강물에 떨어져 버렸습니다. "기차가 강물에 떨어졌습니다. 엄마 구조대 빨리 출동해주세요."

신나게 놀고 있는 아이들을 보자 재미있는 놀이가 생각났습니다. "구조대 출동합니다. 감귤 기차는 물에 가라앉았나요? 떠 있나요?" 구조해달라는 아이들의 부탁에 엉뚱한 질문을 하는 엄마를 보는 아이들의 눈빛이 너무 귀여웠습니다. "감귤 기차가 물에 빠지면 어떻게 되는지 한번 알아볼까? 귤을 물에 넣으면 어떻게 될까?" 아이들에게 질문해보았어요.

"나는 물에 가라앉을 것 같아." "뜰 것 같은데." 서로 생각이 다른 형제는 의견이 분분했습니다. 이럴 때는 "왜 그렇게 생각했어?"라고 물어보며 아이의 생각에 귀 기울이고 들어주세요. 정답이 아니면 어때요. 아무 말이면 어때요. 엄마의 질문에 자기 생각을 말하는 과정을 통해 아이들의 호기심과 사고력은 자랄 것입니다. 그렇게 충분히 이야기를 나누고 나서, 집에 있는 유리병에 물을 담아 옵니다. "감귤 기차를 물에 빠트려보겠습니다." 퐁당, 물이 담긴 병에 귤을 넣어봅니다.

"엄마, 귤이 떠요!" "신기하다. 귤이 왜 뜨는 거지?" 아이들은 난리가 났습니다. 심지어 3살 둘째는 손을 걷어붙이더니 "형, 내가 꾹꾹 눌러볼게. 어떻게 되는지 잘 봐" 합니다. "눌러도 계속 뜨잖아! 나도 해보자. 신기하다. 엄마, 왜 그런 거예요?" 귤 하나로 이렇게 즐겁게 놀 줄은 몰랐습니다.

"그러게, 귤이 왜 뜰까? 어떻게 하면 귤이 가라앉을까?" 아이들이 원하는 정답을 말해주는 대신 새로운 질문을 던져보았습니다. 귤이 물 위에 뜨는 모습을 보여주더니 이제는 가라앉게 해보라는 엄마의 말에 어리둥절한 표정을 짓던 아이들의 모습이 지금도 생생합니다.

"껍질을 벗겨서 한번 넣어보자." 엄마의 이야기에 서로 자기가 먼저 껍질을 까서 넣겠다고 아이들의 손이 바빠졌습니다. 껍질을 간 귤을 물속에 넣자, 다시 한 번 작은 소란이 일어났지요.

"와아아아, 엄마! 귤이 가라앉았어요!"

"껍질이 있는 귤은 뜨고 껍질을 간 귤은 가라앉네요. 윤택아,

귤껍질에 비밀이 있나 봐!" 은택이는 동그란 눈과 커다란 목소리로 본인의 감정을 드러내고 있었습니다.

아이가 말한 귤껍질의 비밀은 바로 '밀도'랍니다. 중학교 2학년 과학에서 배우는 밀도라는 개념은 15살 학생들도 이해하기 어려워하는 만큼, 아이들이 쉽게 받아들일 수 있을 만한 예를 들어 설명을 해주었어요.

"지난여름 수영장에서 물놀이 할 때 수영복 위에 무엇을 입었지? 맞아, 구명조끼를 입었지. 우리가 구명조끼를 입고 물놀이를 했을 때랑 안 입었을 때랑 어떤 차이가 있었지?" 아이들의 경험에 비추어 천천히 설명을 해주면 됩니다.

"구명조끼를 입으면 물에 잘 떠요."

"구명조끼를 입으면 뜨지? 우리 몸에 구명조끼가 더해지면 더 무거워지는 건데 왜 뜰까? 구명조끼를 입었을 때 뜨는 것처럼 귤껍질이 귤을 뜨게 만드는 역할을 하는 거야. 그게 바로 은택이가 이야기한 귤껍질의 비밀에 해당하겠다."

귤껍질에는 구명조끼처럼 공기가 많이 포함되어 있는데, 공기 때문에 밀도가 작아져서 귤이 물 위에 뜨는 것입니다. 이처럼 물보다 밀도가 작은 물질은 물 위에 뜨고, 밀도가 큰 물질은 물에 가라앉는 거랍니다. 과학적인 개념을 설명해주기보다는 아이들의 눈높이에 맞게 생활 속에서 밀도가 쓰이는 예를 알려주시고, 밀도라는 용어 정도만 알려주세요.

본격적인 학습이 이뤄지는 학교에서는 학습도구어Academic Voca-

bulary라고 하는, 학습의 기초가 되는 교과 어휘가 등장합니다.[*]
수학 시간에는 직각, 선분, 직선 같은 단어들이, 과학 시간이면
지표, 퇴적, 침식 등의 단어들이 나오듯이 각 교과마다 사용하는
어휘가 다르답니다. 아무래도 교과와 관련된 어휘들을 많이 듣고
익숙한 아이들이 수업에 대한 이해도가 높겠죠? 저는 이 점을 항
상 유념했기에 아이들과 대화를 할 때 단어를 신중하게 선택하고
과학 용어, 수학 용어를 정확하게 쓰는 편이었어요. 아이들이 자
라면서 제게 설명해주기 어려운 단어를 물어올 때는 항상 같이 찾
아보고 예시를 들어서 설명해주었고요.

아이들과 대화할 때는 정확한 개념을 써서 그에 익숙해지게 해
주세요. 개념을 완벽히 이해할 필요는 없지만, "들어봤다!"라는
경험이 더 중요할 때가 있거든요. 밀도라는 용어를 들어본 아이
는 나중에 책을 읽거나 과학관에서 체험을 하다가 "어! 나 이거
알아. 엄마랑 귤 실험할 때 들어본 거야" 하며 자신감을 보일 겁
니다.

---

[*]   김윤정, 《EBS 당신의 문해력》, EBS BOOKS, 2021

손 안 대고 캔 굴리기 놀이

"앗, 따가워! 엄마, 문고리를 잡을 때 왜 따가운 거예요?" 추운 겨울날 외출을 마치고 집으로 들어오기 위해 문고리를 돌리던 은택이가 정전기 때문에 따가운 손을 매만지며 질문을 했습니다.

"많이 따가웠구나. 그건 정전기 때문이야. 은택아, 언제 정전기를 많이 느꼈어? 사계절 내내 정전기를 느낄 수 있을까?" 예전 경험을 생각해볼 수 있도록 질문을 되돌려주었습니다.

"음, 생각해보니 겨울에 많이 느끼는 것 같아요. 추워지니까 옷 입을 때도 따끔따끔 아프고, 윤택이랑 이불에서 장난칠 때도 찌릿찌릿해요. 왜 그런 거예요? 정전기가 뭐예요?" 곰곰이 생각을 해보던 5살 아이의 질문에 대답을 해주며 놀이가 시작되었습니다.

정전기靜電氣는 흐르지 않고 머물러 있는 전기라는 의미입니다. 모든 물체는 평상시에는 (+)전하와 (-)전하(=전자)를 같은 수만큼 갖고 있습니다. 이를 '전기적 중성 상태'라고 이야기해요. 서로 다른 두 물체를 마찰하면 한쪽에서 다른 한쪽으로 (-)전하가 이동합니다. 정전기가 생기는 주된 원인은 바로 '마찰' 때문입니다.

플라스틱 빗으로 머리를 빗다가 머리카락이 쭈뼛쭈뼛 뻗쳤던 경험이 있을 거예요. 이때 맞닿아 있는 두 물체 중 머리카락에서 빗으로 (-)전하가 이동하게 됩니다. 머리카락은 (-)전하를 잃었기 때문에 상대적으로 (+)전하의 양이 많아져 (+)전기를 띠게 되고, 빗은 (-)전하를 얻었기 때문에 (-)전하의 양이 많아져 (-)전기를 띠게 됩니다. 이렇게 머리카락과 빗의 서로 다른 전기적 상태가 만나 끌어당기는 힘(인력)이 작용하게 되어 빗에 머리카락이 달라붙는 것이죠. 이때 (-)전하가 다시 균형을 맞추려고 원래 있던 곳으로 돌아가는 순간 전기가 흐르고, 우리 피부가 전기에 닿는 상태가 되어 순간적으로 찌릿한 통증이 느껴지는 겁니다.

"모든 물체에는 (+)전하와 (-)전하가 같은 양이 들어 있어. 겨울처럼 건조한 날 빗과 머리카락같이 서로 다른 물체를 비비고 문지르면 자유롭게 움직일 수 있는 (-)전하가 머리카락에서 빗으로 이동해. 이때 발생하는 전기를 정전기라고 하고. 우리가 두 발로 서 있다가 한 발로 서면 몸이 기우뚱하잖아. 그때처럼 정전기가 발생하면 기우뚱한 채 균형이 맞지 않은 상태가 되거든. 은택이가 한 발로 섰다가 다시 두 발을 짚으면 편안한 것처럼 (-)전하들도 편안하게 균형을 되찾기 위해서 다시 되돌아가는데, 이때 우리 손이 닿으면 따끔따끔한 통증을 느끼게 돼." 아이에게 이렇게 이야기해주시면 충분할 것 같습니다. 저도 은택이에게 그림을 그려가며 설명을 해준 뒤에 실험을 함께 해보았습니다. 정전기 현상을 눈으로 확인할 수 있는 실험 활동을 곁들여준다면 아이가 이해하는 폭이 더 커질 것입니다.

정전기 실험 놀이에는 풍선과 색종이, 가위, 씻어서 말린 캔이 필요합니다. 먼저 엄마가 풍선을 부는 동안 아이는 옆에서 색종이를 가위로 작게 잘라줍니다. 2가지 실험을 한 번에 진행하니, 아이에게도 역할을 주며 함께 준비해보세요. 자기만의 역할을 부여받고 실험에 참여하는 아이의 눈빛이 달라질 거예요. 풍선이 없다면 플라스틱 제품(빗, L자 파일 등)으로 대체 가능합니다. 주변에 있는 물건으로 먼저 해본 후 나중에 아이에게 "우리 그때 함께 했던 정전기 실험을 풍선으로 다시 해보려고 하는데, 윤택이가 선생님이 되어서 엄마에게 가르쳐줄 수 있어?"라고 물어보세요. 아마 아이는 본인이 선생님이 된다는 말에 더욱 신이 나서 실험에 참여할 거예요. 하나씩 하나씩 아이가 스스로 해볼 기회를 준다면 아이의 자기 주도성도 서서히 자라날 것입니다.

풍선을 머리나 스웨터에 빠르고 강하게 비빈 다음, 아이의 머리카락에 대어주세요. "엄마, 형아 머리카락이 말미잘 같아요!" 삐죽삐죽 머리가 뻗치는 모습을 말미잘과 해파리에 비유하며 아이들의 웃음이 터졌답니다. 엄마 머리에 풍선을 대보기도 하며 아이들에게 여러 번 해볼 수 있는 기회를 주세요.

다시 마찰을 시킨 풍선을 이번에는 아이가 직접 색종이 조각들에 대보게 해주세요. 이때 풍선을 너무 높이 들지 않고 종이 가까이에 가져가야 실험이 잘 된답니다.

"풍선을 시간을 다르게 해서 비벼볼까?" 30초, 1분, 1분 30초 등 마찰 시간을 달리해서 풍선을 비볐을 때, 풍선에 종이가 달라붙는 모습에 차이가 있는지 발견하게 해주세요. 변인을 조작하면 실험 결과가 달라진다는 것을 놀이를 통해 경험으로 알게 해주세요. 조작 변인, 종속 변인, 통제 변인이라는 용어를 먼저 배워서 아는 것보다 경험으로 터득한 지식이 더 오래 기억에 남고 나중에 학교에서 배울 때 이해도 더 잘 될 것입니다.

실험 도구들은 한 번 실험하고 나서 바로 치우지 마시고, 아이가 원하는 만큼 탐색하고 관찰할 수 있게 충분한 시간을 주세요. 아이들이 "엄마, 또 해요. 또!" 하고 보채면 엄마가 해주다 지칠 때도 있는데, 실험은 엄마의 시범을 보고 나면 아이들이 스스로 해볼 수 있으니 아이에게 주도권을 주고 엄마는 옆에서 지켜보며 쉬세요.

집에 있는 알루미늄 캔을 이용하여 다른 실험도 해볼 수 있어요. 음료수 캔, 통조림 캔 등 음식을 먹고 나온 캔을 깨끗이 씻어서 말려주세요.

"이번에는 엄마가 마술을 보여줄게. 손을 대지 않고 캔을 굴려볼 거야."

"엄마, 손을 안 대고 캔을 어떻게 굴려요?"

"그러니까 마술이지요, 마술에는 여러분의 예쁜 마음이 필요해요."

마술이라는 말에 한껏 들뜬 아이들은 어느새 엄마 옆에 자리를 잡았습니다. 풍선을 아이들 옷이나 머리카락에 강하게 1분 정도 비벼주세요. 바닥이나 식탁 등 평평한 곳에 놓인 알루미늄 캔에 마찰을 시킨 풍선을 가져가보세요. 풍선을 따라 캔이 굴러오는 모습을 볼 수 있을 거예요. 너무 빠르게 풍선을 움직이면 안 되고, 캔이 구르는 방향으로 풍선을 천천히 당겨야 마술처럼 데굴데굴 굴러가게 할 수 있답니다.

실험을 충분히 하고 나면 아이들의 질문이 쏟아질 것입니다. "엄마, 왜 머리카락이랑 색종이가 풍선에 달라붙어요?", "왜 풍선이 캔을 끌고 가요?" 등 아이가 관찰하고 느낀 것을 많이 표현해볼 수 있게 질문을 잘 들어주세요.

마찰을 시킨 풍선은 (-)전하의 수가 많아져 (-)전기를 띤 상태가 됩니다. (-)전기를 띤 풍선을 종이나 캔에 가까이 대면 순간적으로 풍선과 가까운 쪽에서는 (+)전하가 유도되어 서로 다른 종류의 전기가 만나 끌어당기게 되는 것입니다. 이것은 자석의 S극과 N극이 만나면 끌어당기는 원리와 같습니다.

습한 장마철에 비해 건조한 겨울철에 정전기가 많이 발생하는 이유는, 건조한 날에는 정전기가 공기 속의 수분에 흡수되지 못하고 옷 속에 쌓인 채 그대로 남아 있기 때문입니다. 공기 중 수분이 많아 습도가 높은 여름철에는 정전기가 대부분 수분을 통해 공기로 빠져나가 정전기 발생이 줄어들지요.

아이와 함께 겨울철 정전기를 줄이는 방법에 대해서 생각해보는 것도 좋습니다. "여름보다 겨울에 정전기가 많이 생기는데, 겨울철에 어떻게 하면 정전기를 줄일 수 있을까?" 아이가 답을 망설인다면, 공기 중에 포함된 수증기의 양(습도)에 대해 힌트를 주세요. 그러면 아이는 실내의 습도를 높이는 다양한 방법을 생각해보고 이야기할 것입니다. 가습기 틀기, 젖은 빨래 널어놓기, 거실에 화분이나 수족관, 미니 분수대를 만들어놓기 등 많은 아이디어를 나누어보세요.

"겨울에 외출했다 돌아와서 문고리를 잡았을 때 정전기가 발생해서 아팠잖아. 어떻게 하면 문고리 잡을 때 따갑지 않을 수 있을까?" 아이가 물어본 질문에 대해서 다시 한 번 물어봤어요. 이때 은택이가 답했던 것 중에 가장 기억에 남는 것은 "엄마, 그럼 물티슈로 손을 닦고 문을 열어요"라는 대답이랍니다. '정전기를 줄이려면 습도를 높여준다'는 것을 기억한 아이는 엄마와의 대화를 통해 생각을 확장해나간 것이지요.

아이의 질문에 적절히 반응해준다면 아이들의 생각 주머니는 쑥쑥 자랄 것입니다. 저는 겨울철 문고리를 잡기 전에 문고리에 입김을 불어서 습도를 높여주거나 손에 로션을 바르고 열면 정전기가 줄어든다는 것을 아이의 대답에 덧붙여 말해주었답니다. 나아가 책을 읽으며 생활 속에서 정전기가 이용되는 예를 함께 찾아본다면 아이의 호기심 가득한 질문에서 시작한 과학 놀이가 자연스럽게 확장될 것입니다.

우유가 도화지예요?

"은택아, 윤택아, 우리 우유에 그림 그려보자!" 엄마의 말이 엉뚱했는지 아이들이 서로 마주 보며 웃다가 재미있는 대답을 했습니다.

"엄마, 우유에 그림을 어떻게 그려요? 우유가 도화지예요?"

"좋은 생각이다! 우유 도화지에 그림을 그려봅시다."

냉장고에 있던 유통기한이 지난 우유를 그냥 버리기 아까워서 아이들과 놀이를 해보았습니다.

우유, 우유를 담을 넓은 그릇(깊지 않아도 되지만 넓은 그릇이 실험할 때 좋습니다), 물감, 물약 병, 주방 세제, 면봉이 필요합니다. 물약 병을 잘 모아두면 이럴 때 요긴하게 사용할 수 있어요. 물감을 물약 병에 색깔별로 타서 아이들에게 주면 흘리지도 않고 스포이트 없이도 편리하게 실험을 할 수 있답니다. 우유를 그릇에 담아

주고 아이들에게 원하는 색깔의 물감을 우유 위에 떨어뜨리게 하세요. 이때 투명한 유리컵에 물을 넣고 물감을 떨어뜨려서 같이 보여주세요. 우유에 떨어진 물감과 물에 떨어진 물감의 차이를 관찰하고 나면 엄마가 질문하지 않아도 아이들이 궁금해서 먼저 물어보게 될 거예요.

"엄마, 물컵에 떨어뜨린 물감은 퍼져나가는데, 왜 우유에서는 그대로 있어요?"

아이들과 함께 우유갑의 영양 성분 표기를 살펴보세요. 우유가 물과 지방, 단백질로 구성되어 있다는 것을 먼저 확인을 해보면 실험과 연관 짓기 좋답니다. 지방과 단백질이 포함된 우유 입자는 아주 작은 덩어리로 쪼개져서 물 입자 사이사이에 골고루 퍼져 있습니다. 우리가 잘 알고 있듯이 물과 기름은 서로 좋아하지 않아 아무리 휘저어도 섞이지 않습니다. 따라서 물에 잘 녹는 물감을 물에 떨어뜨리면 금방 섞여서 퍼지지만, 우유에 떨어뜨리면 우유에 있는 지방 덩어리들에 갇혀서 퍼지지 못합니다.

면봉에 주방 세제를 묻혀 우유가 담긴 접시에 콕 찍어보세요. 아마 실험이 끝나기도 전에 아이들에게서 "우와!" 하는 탄성이 쏟아질 것입니다. 우유 속 지방에 갇혀 있던 물감들이 순식간에 퍼져나가면서 예쁜 그림을 그리거든요. 세제를 사용하면 기름때가 묻은 그릇이 잘 닦이는 이유가 바로 이 때문이지요. 세제는 물을 좋아하는 부분과 지방 성분을 좋아하는 부분을 모두 가지고 있습니다. 세제가 우유에 들어가면 물을 좋아하는 부분은 물 분자 쪽으로 이동하려 하고, 지방을 좋아하는 부분은 지방 분자 쪽으로 이동하려 하지요. 이렇게 세제가 물과 지방 사이를 왔다 갔다 하는 동안 물감이 퍼져나가면서 그림이 그려지는 것입니다.

이 실험이 가능한 또 하나의 이유는 액체의 표면장력 때문이에요. 액체 안의 입자(분자)들은 상하좌우로 서로 끌어당기는 힘(인력)이 작용해서 힘의 균형을 이룹니다. 그러나 액체 표면에 있는 입자들은 바깥쪽으로는 인력이 작용할 수 없어 안쪽으로만 인력을 받다 보니 특히 표면이 팽팽해지는데, 이처럼 표면의 액체 분자가 잡아당겨지는 힘을 표면장력이라고 합니다. 풀잎에 맺힌 이슬을 보면 표면이 둥근 이유가 바로 물 분자의 표면장력 때문이랍니다.

우유에 세제를 첨가해주면 물감이 퍼지는 이유는 세제에 의해서 우유의 표면장력이 약해지기 때문이에요. 눈으로는 직접 표면장력을 관찰할 수 없지만 물감이 흩어지는 모습을 통해 우유의 표면장력이 약해졌다는 것을 아이들에게 보여줄 수 있답니다.

실험을 마치고 아이들과 풀잎에 맺힌 이슬을 관찰해보거나 소금쟁이가 물 위를 걷는 영상을 함께 찾아보고 이야기를 나눠보세요. 소금쟁이 발이 물에 닿을 때 물이 오목하게 들어가는 모습을 볼 수 있을 거예요. 그러면 물의 표면적이 넓어지고, 물의 표면은 소금쟁이의 발을 위로 밀어올려 표면적을 줄이려 하지요. 이것이 바로 소금쟁이가 표면장력으로 물에 뜨는 원리랍니다.[*]

---

[*] '물방울의 담수생물 이야기 26. 물 위의 요정 소금쟁이', BRIC동향(2013.06.21.)

표면장력을 확인할 수 있는 간단한 실험을 하나 더 소개하겠습니다. 물을 가득 담은 유리컵과 동전 또는 클립 여러 개를 준비해주세요. "물이 가득 담긴 컵에 동전을 넣으면 어떻게 될까?" 질문을 하며 아이의 호기심을 자극해주세요. 아이가 다양한 답을 내놓을 것입니다. "엄마, 물이 넘칠 거 같아요." "아무 일도 일어나지 않을 거 같아요." 아이의 말을 들어본 다음, 유리컵에 동전 하나를 슬며시 넣어보세요.

"어! 물이 안 넘치네. 엄마, 저도 해볼래요!" 아이가 반응을 보이면 주도권을 넘겨주고 조심스럽게 하나씩 넣어보도록 해주세요. 여간해서는 쉽게 물이 흘러넘치지 않고 표면이 볼록하게 솟아오르는 것을 볼 수 있을 것입니다. 동전을 몇 개 정도 넣을 수 있을지 함께 세어보면서 실험을 해도 좋아요. 하지만 결국은 물이 넘치게 되니 옷이 젖지 않도록 컵을 쟁반 위에 올려두고 실험을 해주세요.

도토리는 자라서 무엇이 될까요?

"엄마, 도토리는 커서 뭐가 돼요?" 동네 산책길에 바닥에 떨어져 있던 오래된 도토리를 보고 윤택이가 물었습니다. 생물 전공 과학 교사인 제게 '도토리가 커서 무엇이 될까?'라는 4살 아이의 질문은 신선하게 다가왔습니다. 어느 순간부터 당연한 것에 대해서는 궁금해하지 않았던 것 같아요. 아이를 키우며 아이에게 배우는 점이 많다고 느낀 질문이었답니다. 혼자 골똘히 생각하며 대답하는 것을 잊은 엄마에게 "형이랑 나는 자라서 어른이 되는데 도토리는 자라면 뭐가 돼요?" 재차 물으며 도토리를 줍는 아이를 보니 식물의 한살이 놀이가 떠올랐습니다.

도토리는 참나무라고 불리는 상수리나무, 굴참나무, 갈참나무, 졸참나무, 떡갈나무, 신갈나무 등의 열매로 나무마다 도토리 모양은 제각기 다릅니다. 가을에 땅으로 떨어진 도토리는 이듬해

봄, 땅이 녹으면 단단한 껍질이 물기를 머금고 깨집니다. 그런 뒤 땅속 깊이 뿌리를 내리고 도토리 속의 양분을 이용해서 뿌리, 줄기, 잎이 자라며 숲의 가족이 되고 또다시 도토리를 돌려주는 고마운 식물이죠.

도토리에 대한 아이의 질문을 시작으로 식물의 씨앗과 열매에 관한 책을 같이 읽어보고, 마트에서 무씨와 해바라기씨를 사다가 심어 싹이 나는지 함께 관찰해보았어요. 씨앗을 심고 싹 틔우는 활동은 하루가 다르게 자라나는 식물을 보며 생명의 신비를 느끼게 하는 것과 더불어 아이들에게 관찰하는 능력도 길러줍니다.

접시에 화장 솜을 깔아주고 분무기로 물을 뿌린 후 무씨를 군데군데 올려줍니다. 3~4일 정도 지나면 무씨가 발아하여 싹이 나오는 모습을 볼 수 있습니다. 아이들이 하루에 두세 번씩 분무기를 이용해서 물을 뿌리며 관찰하기에 좋습니다.

모든 탐구의 시작은 관찰입니다. 관찰은 초등학교 과학 교과서에 나오는 '과학자는 어떻게 탐구할까요?'에서 다루는 기초 탐구 영역 중 하나로, 오감이나 도구를 사용해서 탐구하고자 하는 대상의 특징을 자세히 살펴보는 것입니다. 관찰하는 능력은 하루아침에 길러지지 않으며. 직접 해보는 것이 가장 중요합니다. 따라서 유아기 아이와 함께 주변의 물건과 자연을 시작으로 다양한 관찰 활동을 해보시길 추천합니다. 부모가 아이의 궁금증과 연관 지어 관찰거리를 꾸준히 제공해주고 함께한다면 아이는 경험을 바탕으로 새로운 것을 만들어내는 창의성도 기를 수 있을 거예요.

어느 무더운 날 아침 일찍 외출했다가 밤늦게 집에 돌아온 적이 있습니다. 그 하루 동안 무 싹에 물을 주는 것을 깜빡했는데, 다음 날 아침 물을 주는 아이들 표정이 울상이었습니다.

"엄마, 싹들이 목마른가 봐요. 지친 모습이에요."

"형, 어제 우리가 물을 안 줘서 그런가 봐. 어떡해요, 엄마?"

"우리도 목이 마를 때 힘이 없고 지치는 것처럼 무 싹들도 지쳤나 봐. 물을 주고 시간이 지나면 곧 괜찮아질 거야."

엄마의 말에 안심이 되었는지 형제는 시들해진 무 싹에 급히 물을 주고 시원한 그늘로 옮겨주었습니다. 씨앗이 잘 자라기 위해서는 잊지 않고 물을 주고, 햇빛이 너무 강하면 어린싹이 탈 수 있으니 햇빛이 적당히 드는 곳에 두어야 한다는 것을 배우게 된 경험이었답니다.

무씨와 다르게 해바라기씨는 화분에 흙을 넣고 바로 심었습니다. 그 뒤 며칠간 흙 속에서 모습을 드러내지 않는 싹에 아이들은 마음을 졸이며 기다렸답니다. 열흘 정도 지나고 파릇파릇 싹이 올라오자 환호성이 터졌습니다. '정말 이게 다 뭐라고' 생각할 수 있는 작은 일이었지만 아이들에게는 식물이 싹을 틔우고 자라나는 과정이 신비 그 자체로 다가왔나 봅니다.

날마다 자라나는 싹을 보며 아이들과 도서관에 가서 함께 책을 읽고 대화를 나눠보세요.《참나무는 참 좋다!》책에는 세밀화와 함께 고마운 도토리 이야기가 담겨 있답니다. "책을 읽고 어떤 생각이 들었어?" 윤택이에게 물었어요. "엄마, 참나무는 동물들에게 먹이도 주고 집도 주니까 참 고마운 나무라고 생각했어요."

"그렇네. 참나무는 우리에게 많은 것을 주는 고마운 나무네. 그럼 윤택이는 고마운 마음을 어떻게 참나무에게 전해주고 싶어?" 그러자 아이는 "산에 가면 쓰레기를 버리지 않고 나무를 꺾지 않고 보호해주고 사랑해줘야겠어요" 하며 자기만의 생각을 이야기해주었답니다. 간혹 가을에 동네 뒷산에 오르면 도토리를 줍는 어르신들을 보고는 "엄마, 다람쥐 겨울 양식을 주워가면 안 되는데 할머니가 자꾸 가져가요"라고 이야기하는 아이들 때문에 민망했던 적도 있지만, 그만큼 아이들 안에 자연을 사랑하고 소중하게 여기는 마음이 자랐다고 생각합니다.

실제로 씨앗을 심고 싹 틔우기는 관찰하는 능력과 더불어 자연에 대한 고마운 마음이 자랄 수 있는 자연 놀이 활동입니다. 아이만의 작은 화분을 만들어서 함께 씨앗을 심고 관찰하고 대화를 나눠보세요. 아이의 자연 감수성도 저절로 길러질 것입니다.

압력 차이를 이용한 설거지 놀이

"엄마, 저도 설거지해보고 싶어요." 엄마가 설거지하는 모습에 뭔가 흥미를 느꼈는지 은택이가 뜬금없이 고무장갑을 끼며 설거지를 해보겠다고 나섰습니다. 작은 손에 걸맞지 않은 큰 고무장갑을 끼고 의자를 밟고 올라가서는, 막상 해보려니 생각만큼 쉽지 않았는지 연신 그릇을 떨어뜨리며 힘들어하더군요. 이왕 하는 설거지, 재미있게 해보자 싶어 아이와 함께 압력 차를 이용한 물줄기를 만들어보았습니다.

풍선, 굵은 빨대(스무디용 빨대), 클레이, 페트병이 필요합니다. 페트병의 옆면 중앙에 칼집을 낸 다음 굵은 빨대를 칼집 낸 자리에 비스듬히 꽂아주고, 클레이를 이용해서 물이 새어나가지 않게 빨대 주변을 꼼꼼히 막아줍니다. 실험을 하다 보면 물이 새면서 클레이가 질퍽해지는 경우가 있어서, 저는 클레이 위를 키친타월로 한 번 더 감싸주었어요. 이때 빨대가 수평이 되면 실험이 금방 끝나버리니 빨대를 최대한 기울여서 꽂아주시고, 스카치테이프를 이용해서 빨대를 비스듬하게 고정시키는 것도 좋습니다. 다 되면, 페트병에 물을 빨대 높이보다 높게 채워줍니다.

이제 풍선을 불어서 페트병 입구에 끼워주면 물 대포가 발사됩니다. 이때 아이들이 어찌나 소리를 지르며 신나하는지 귀는 아팠지만 아이들이 즐거워하는 모습 자체에 엄마는 행복했던 놀이였어요.

"엄마, 물이 왜 발사되는 거예요? 물 대포 같아요."

"풍선 속에 뭐가 들어 있지? 눈에 보이지 않지만 공기가 들어 있잖아. 그런데 시간이 지나면서 점점 풍선이 어떻게 되었지? 그래, 풍선에서 바람(공기)이 빠져나가면서 밀어내는 힘인 공기의 압력이 생긴 거야. 이것을 기압이라고 해. 기압이 세지면서 페트병 속에 있는 물도 밀어내서 물이 밖으로 나오는 거지."

공기는 무게를 가지고 있기에 사물을 누르게 되는데, 이것을 공기에 의해 발생하는 압력(기압)이라고 합니다. 평상시 우리 몸도 기압과 같은 힘으로 공기를 밖으로 밀고 있어서 우리는 기압을 느끼지 못합니다. 이 실험을 통해 공기가 누르는 힘을 확인할 수 있답니다.

풍선을 불어 풍선 안에 공기를 넣으면, 풍선의 탄성력이 들어온 공기를 누르게 됩니다. 그러면 풍선 안의 압력이 높아져서 공기가 풍선 밖으로 빠져나가려 하지요. 풍선에서 빠져나온 공기는 페트병 속의 공기를 밀어내고, 페트병 속의 압력이 높아져 공기가 물을 밀어내기 시작합니다. 즉 풍선 속 공기가 빠지면서 물을 밀어내는 압력이 생기고 빨대로 물이 발사되는 거예요.

과학은 우리 주변 모든 것에 숨어 있습니다. 집안일을 함께 하며 생활 지능도 함께 길러줄 수 있는 과학 놀이로 압력 차를 이용한 설거지 놀이를 추천합니다.

당근 줄기의 비밀

"엄마, 식물은 항상 뿌리가 아래로 자라고 줄기는 위로만 자라요? 만약에 식물 뿌리가 위로 자라고 줄기가 아래로 자라면 어떻게 돼요?" 책을 읽던 은택이의 표정을 보니 궁금증이 또 발동했나 봅니다.

우리에게는 친숙해서 당연하게 여겨지는 것이 아이들 눈에는 얼마나 새롭고 신기한 것인가를 다시 한 번 생각해보게 되었습니다. 당연한 것을 당연하지 않게, 다르게 볼수록 그동안 보지 못했던 것들을 볼 수 있고 창의성도 발현된다고 생각합니다. 아이들과 함께 놀다 보면 아이의 눈으로 바라보는 세상이 얼마나 신기하고 즐거울지 부러울 때가 많답니다.

굴지성(굴중성)이란 중력이 작용하는 방향으로 식물의 특정 부분이 자라는 현상입니다. 생존을 위해 광합성을 하는 줄기는 태양 빛을 잘 받기 위해 위로 자라고, 뿌리는 수분을 흡수하기 위해 토양을 파고들며 아래로 자랍니다.

6살 아이에게 굴지성이라는 과학적인 개념을 알려주기보다는 실제로 보여주고 싶었어요. 마침 집에 있던 당근을 활용해 식물 줄기의 굴지성에 대한 실험을 했답니다. 세척 당근은 실험이 불가하고, 흙이 묻어 있는 당근 2개가 필요합니다.

당근 머리 부분에 싹이 보이는 곳을 중심으로 3센티미터 정도 남겨두고 자릅니다(①). 다른 하나는 7~10센티미터 정도 남겨두고 잘라낸 다음, 숟가락으로 당근의 속을 파냅니다(②). ①은 물을 채운 플라스틱 컵에 담아 줄기가 위를 향하게 키우고 ②는 파낸 당근 속에 물을 넣고 거꾸로 키울 것입니다. 속을 파낸 당근의 양옆에 구멍을 뚫고 튼튼한 끈으로 연결해서 고리를 만들어 걸어도 좋고, 페트병이나 플라스틱 컵의 바닥에 구멍을 뚫고 당근을 거꾸로 끼워 넣어 키워도 좋습니다. 은택이의 질문처럼 '식물의 줄기가 아래로 자랄 수 있는지'를 알아보기 위한 실험 장치를 만든 것입니다.

2개의 당근을 나란히 놓고 아이들에게 물어보세요. "하나는 줄기가 위로 가게 했고, 다른 하나는 아래로 가게 해두었어. 각각 줄기가 어느 방향으로 자랄 것 같아? 왜 그렇게 생각해?" 아이가 대답을 망설인다면 조금 더 쉽게 다시 한 번 물어봐주세요. "줄기가 아래로 자랄까? 위로 자랄까?" 생각하고 대답하는 것을 힘들어하는 아이에게는 엄마가 쉬운 말로 한 번 더 물어보는 것만으로도 큰 도움이 된답니다.

이제 아이들과 당근에 물을 주며 매일 함께 관찰하면 됩니다. 관찰하는 실험 같은 경우 아이에게 관찰 일지를 쓰게 하면 좋아요. 매일 날짜와 시간을 쓰고 그림을 그려나가며 관찰을 하면 아이들도 과학자가 된 기분을 느끼고, 한 번 쓱 보고 마는 것이 아니라 꼼꼼하게 어제와 달라진 점을 찾느라 관찰에 더 집중하게 된답니다. 코로나로 인해 잠정 중단되었던 '자연 관찰 탐구 대회'가 2022년부터 재개되었어요. 초등학교 5·6학년을 대상으로 학생들이 자연에서 일어나는 현상을 직접 관찰하고 문제를 해결하는 대회로, 두 명이 한 팀을 이뤄 협동해 문제를 발견하고 가설을 세운 뒤 실험을 설계하는 과정을 거치면서 창의력, 문제 해결력, 협동 능력과 의사소통 능력까지 기를 수 있는 대회입니다. 유아기 때부터 관찰하는 능력을 키워준다면 초등학교에 입학해서 대회에 참가해보는 것도 자녀에게 좋은 기회가 될 것입니다.

한참 키우다 보면 ①의 줄기는 그대로 위로 자라고, ②의 줄기는 U자 모양으로 꺾여 하늘을 향해 자라는 모습을 볼 수 있을 거예요. 두 당근 줄기가 다르게 자란 것을 본 아이들의 반응은 역시나 말로 설명할 수 없겠지요?

"엄마, 당근 줄기 모양이 달라요. 하나는 위로 쭉쭉 자랐는데, 구멍을 판 당근은 줄기가 말려서 위로 올라가 있어요. 왜 그런 거예요?" 처음부터 제가 답을 말해주면 아이들의 호기심이 반감될 것 같아서, 저는 이렇게 관찰을 통해 알아가는 실험을 할 때는 아이들이 관찰 결과를 바탕으로 나름의 결론을 내려보게 기회를 먼저 주었어요.

"그러네, 은택이 생각대로 줄기가 아래로 자랄 수 있을지 알아보려고 당근을 거꾸로 키웠는데도 줄기는 위로 자라네. 왜 줄기는 위로 자랄까? 줄기가 위로 자라야 할 이유가 있는 걸까?" 정답 대신 질문으로 아이의 사고가 확장될 수 있도록 도와주세요. 아이는 그동안 읽어보았던 책, 주변을 둘러보았을 때 모든 식물의 줄기가 위로 자라고 있다는 사실 등에서 대답을 유추해냈답니다.

"햇빛을 받아야 식물이 살 수 있어서 그런가? 해가 하늘에 있잖아요. 태양 빛을 받아서 광합성을 해야 살 수 있으니 줄기는 계속 위로만 자라나 봐요, 엄마."

한참 엄마랑 대화를 나누던 아이가 "엄마, 그럼 중력이 없는 우주에서는 식물의 줄기와 뿌리가 어떻게 자라요?" 다소 엉뚱한 질문을 했습니다. 이렇게 생각지도 못한 질문을 쏟아내는 것이 아이들이죠. 우주에서 식물이 어떻게 자라는지에 대해서는 함께 영상과 인터넷 검색을 하며 찾아보았습니다.

어릴 때부터 질문하는 것을 망설이지 않고 자유로운 분위기에서 대화를 나누어본 아이들이 자라서도 질문하는 아이가 될 확률이 높습니다. 아이들이 많은 시간을 함께 보내는 부모님과 편안하고 자유롭게 질문을 주고받으며 자랐으면 합니다. 질문을 통해 배움의 즐거움을 알게 된 아이들이 학교에 와서도 모르는 것이나 궁금한 것이 생기면 망설이지 않고 질문을 할 수 있을 테니까요. 자신의 생각을 이야기해보는 과정 자체가 의미 있는 일이며 아이들의 호기심을 계속 유지시켜주는 힘이 되니, 일상에서도 아이들과 대화를 자주 나눠주세요.

멸치 해부 놀이

    멸치 해부 실험은 실제로 제가 중학교 2학년 과학 수업에서 했던 실험입니다. 동물과 에너지 단원에서 국물용 마른 멸치를 이용해서 동물의 구성 단계를 알아보는 수업으로 진행했습니다. 하루 종일 과학실에서 5개 반의 멸치 해부 수업을 마치고 집에 돌아와서, 아이들에게 멸치 해부 실험 이야기를 들려주었습니다. 그러자 아이들이 잠시의 망설임도 없이 "엄마! 우리도 멸치 해부 실험 해보고 싶어요!"라며 애원하더군요. 중학교 2학년 학생들도 기관을 찾는 것을 힘들어했는데 가능할까 싶은 마음에 망설였지만, 정확히 알려주어야 한다는 부담을 내려놓고 이 또한 아이들에게는 즐거운 경험이라 생각하니 한결 편해진 마음으로 해볼 수 있었습니다. 국물용 멸치를 손질하실 일이 있을 때 아이들과 함께 해보시길 추천합니다.

큰 사이즈의 국물용 멸치와 끝이 뾰족한 핀셋 2개가 필요합니다. 국물용 멸치를 미지근한 물에 담가서 부드럽게 만드는 동안, 유튜브의 '수상한 생선'이라는 생명과학 중심 과학 채널에서 〈당신이 멸치에서 보지 못한 것들-멸치 해부〉라는 제목의 동영상을 아이들과 함께 시청해주세요.

저도 영상을 같이 보고 아이들 옆에서 보조만 해주었어요. 첫 해부부터 모든 조직이나 기관을 찾아내기는 어려우니, 멸치를 조금 넉넉히 준비해주세요. 몇 번의 실패를 바탕으로 3마리째 해부할 때쯤 되니 두 아이 모두 영상에서처럼 조직과 기관을 찾아내었답니다. 엄마가 전공자가 아니어도 영상을 보면 쉽게 잘 설명해주어 조직과 기관을 찾는 데 큰 어려움은 없을 거예요.

작은 멸치 안에서 조직과 기관을 찾아낼 때 아이들은 신기해하고 즐거워합니다. 어린아이들에게는 동물의 구성 단계를 설명해줄 필요는 전혀 없고, 영상에서 보았던 조직과 기관의 이름 정도만 알려주고 함께 확인해보세요.

소화와 관련한 책을 읽어본 아이들이라면 입, 식도, 위, 작은창자, 큰창자에 대한 배경 지식이 머릿속에 있기에 더욱 흥미를 갖고 실험을 하며 몰입할 거예요. 아직 관련 도서를 읽지 않은 아이들에게는 미리 책을 읽게 해 머릿속에 관련 지식을 만들어주면 좋답니다.

머릿속에 배경 지식이라는 자석이 들어 있다고 가정해볼게요. 아이들이 일상생활, 독서, 대화, 체험, 학교 수업 등을 통해 다양한 지식을 습득하게 되면 머릿속에 있는 자석에 달라붙으며 알고 있던 지식이 더 단단해지고 정교해지게 된답니다. 반면 배경 지식이 없을 경우 새롭게 들어온 지식은 쉽게 사라지고 말겠지요. 이처럼 배경 지식이 있느냐, 없느냐에 따라 똑같은 것을 경험했더라도 이해의 정도가 달라집니다. 배경 지식을 만들기 위해서는 독서가 가장 쉬운 방법이니 다양한 책을 아이들과 함께 읽어보세요.

저는 이 실험 후 영상으로 본 것을 직접 해본 경험이 어땠는지 간단히 말해보며 마무리했어요. 윤택이는 "엄마! 진짜 신기해요. 작은 몸에 많은 게 있네요. 작다고 무시하면 안 될 것 같아요"라는 소감을 이야기해주었어요. 은택이는 "멸치가 복잡하다는 것을 알게 되었어요. 뇌는 진짜 말랑하네요. 식도랑 위가 쫀득하고 질겨요"라며, 실험하며 느낀 것과 알고 있던 지식을 연결 지어 설명하는 모습을 보여주었답니다.

과학 교사가 추천하는 과학 그림책

도서명	작가	출판사
참나무는 참 좋다!	이성실	비룡소
나는 화성 탐사 로봇 오퍼튜니티입니다	이현	만만한책방
파란 파리를 먹었어	마티아스 프리망	풀빛
민들레는 민들레	김장성	이야기꽃
내가 엄마라고?	김성화, 권수진	스콜라
엎드려 관찰하고 자세히 그렸어요	김주경	씨드북
진짜 진짜 재밌는 곤충 그림책	수잔 바라클로우	라이카미
일하는 몸	서천석	웅진주니어
과학탐험대 신기한 스쿨버스(시리즈)	조애너 콜	비룡소
최재천 교수의 어린이 개미 이야기(시리즈)	최재천	리잼

이유가 있어서 멸종했습니다	마루야마 다카시	위즈덤하우스
또 이유가 있어서 멸종했습니다	마루야마 다카시	위즈덤하우스
물 아저씨 과학 그림책(시리즈)	아고스티노 트라이니	예림당
내 방에 랑탄이 나타났어!	제임스 셸릭	재능교육
엄마!	앙드레 다앙	책읽는곰
불어, 오다	최은영	꼬마이실
바삭바삭 갈매기	전민걸	한림출판사
안녕, 나는 지구야!	스테이시 매카널티	현암주니어
안녕, 나는 달이야!	스테이시 매카널티	현암주니어
안녕, 나는 태양이야!	스테이시 매카널티	현암주니어
안녕, 나는 화성이야!	스테이시 매카널티	현암주니어
엄마의 놀라운 열 달	코트니 아다모, 에스더 반 드 팔	살림어린이
엄마가 미안해	이철환	미래아이
눈보라	강경수	창비
퓨처 지니어스(시리즈)	카를로스 파소스	넥서스주니어
투발루에게 수영을 가르칠 걸 그랬어!	유다정	미래아이
선인장 호텔	브렌다 기버슨	마루벌

부록

노래로 배우는 과학
'LG사이언스랜드 과학송'

    LG연암문화재단이 과학 기술과 학문 발전을 위해 설립한 LG 상남도서관에서 운영해온 'LG사이언스랜드'는 다양한 실험과 노래 영상 콘텐츠를 통해 일상에서 과학을 쉽게 배울 수 있게 도와줍니다. 2022년 4월 LG사이언스랜드 서비스가 종료되면서 지금은 네이버 포스트와 유튜브 공식 채널에서만 일부 콘텐츠를 이용할 수 있습니다. LG사이언스랜드 콘텐츠 중 초등학교 과학 수업 자료로 쓰일 정도로 아이들이 들으면 좋을 만한 노래 영상을 골라 소개합니다. QR코드를 스캔할 때는 스마트폰의 사진 앱을 이용해주세요.

화학

공기송

혼합물의 분리송

지구과학

공룡송

화산송

암석송

태양계송

물의 순환송

생명과학

혈액송	강낭콩송	뼈와 근육송

소화 과정송   열매송   동물의 한살이송

물리

정전기송   빛의 법칙송   자석송

Chapter —— 4

놀면서 저절로 배우는
엄마표 수학 놀이

힘 빼고 기본에 집중한 엄마표 수학

　아이들 교육에 관심이 많은 교사 엄마인지라 교육 관련 서적을 꾸준히 읽고 책의 내용과 책에서 얻은 통찰을 블로그에 정리해두며 필요할 때 찾아보고는 합니다. 초·중등 수학에 대한 다양한 책을 읽고 수학 교육과정을 알고 나니 아이가 어디에서 어려워하고 힘들어할지 대비가 되었습니다. 이를 토대로 우리 집만의 수학 교육 로드맵을 그려보면서, 오히려 힘을 빼고 기본에 집중할 수 있었습니다.

수학 공부는 일상에서 시작됩니다

유아기에는 일상에서 구체물을 사용해 수 놀이를 함께 하며 아이에게 수학 감각을 길러주는 데 중점을 두었습니다. 친정 부모님께서 직접 기르신 완두콩을 한 봉지 얻어오는 날이면 아이들과 둘러앉아 콩깍지를 까며 자연스럽게 "하나, 둘, 셋…" 수를 셌습니다. "내가 윤택이보다 많이 깠다", "그러네, 형이랑 엄마가 나보다 많네. 이번에는 내가 제일 적게 깠어" 하며 양에 대한 수학적 개념 '많다', '적다'를 자연스럽게 알게 해주기도 했습니다.

두 아이 모두 생활 속에서 계단을 오르내리고 엘리베이터를 타며 했던 수 놀이 경험으로 수와 숫자를 자연스럽게 깨우쳤습니다. 처음 수를 셀 때는 중간중간 빼먹기도 하고 0부터 9까지의 숫자를 다 알지도 못했지만, 어느덧 "우리 집은 14층이야"라며 엘리베이터의 '14' 버튼을 자신 있게 누르는 2살 은택이의 뒷모습이 귀여워 천근만근 퇴근길에도 즐거웠던 기억이 생생합니다.

둘째를 유치원에 등원시킬 때는 제가 출근길에 아이를 데리고 나와 유치원 버스를 태웠습니다. 집에서 버스를 타는 곳까지는 조금 걸어야 했어요. 그때 아이와 함께 주변을 둘러보며 이런저런 이야기를 하다가 소재가 떨어지면 수 세기 놀이를 많이 했습니다. "오늘은 10부터 1까지 거꾸로 세어보자." 제가 제안하고 아이가 대답하기도 하고, 역할을 바꿔서 "엄마, 2개씩 세는 거야. 나부터 해볼게. 2, 4, 6, 8, 10! 이제는 엄마 차례!" 아이가 문제를 내기도 했답니다. 수를 세며 함께 걸어가면 유치원 버스를 타러 가는 길이 그렇게 멀게만 느껴지지 않았어요.

한편 아이들의 유아기에 책을 많이 읽어준 효과를 저는 의외로 수학에서 느꼈습니다. 수학 교과서를 보면 학년이 올라갈수록 문제의 길이도 길어지고, 학생이 직접 풀이 과정을 써야 하는 서술형 문항이 많아집니다. 따라서 수학 문제를 이해하고 잘 풀어내려면 독해력과 어휘력도 상당히 중요해지지요. 아이가 수학 문제를 읽고서 스스로 풀지 못하고 "엄마, 이게 무슨 뜻이야?"라고 묻는다면 독서에 신경을 더 써주어야 합니다.

다양한 책에서 마주하는 어휘와 상황 등을 통해 상상력과 문해력을 기른 아이는 긴 문제에도 당황하지 않게 됩니다. 저는 아이들과 함께 다양한 그림책을 읽으며 대화를 나누었고, 도서관의 수학 코너에서 수학 동화책을 빌려와 읽고 책에 나오는 놀이를 아이들과 같이 했어요. 그러면서 아이들이 익힌 다양한 어휘와 이해력이 초등학교에 입학한 이후 서술형 문제와 사고력 문제를 스스로 풀어가는 데 큰 도움을 주었답니다.

엄마표는 나선형 교육과정에서 가장 필요합니다

2020년 봄, 걱정과 설레는 마음을 안고 첫째의 초등학교 입학을 기다렸습니다. 하지만 뜻밖의 팬데믹으로 입학식은 취소되고 개학은 계속 연기되었습니다. 1학년 1학기에는 학급의 홀수 번호와 짝수 번호가 번갈아 등교하며 학급 친구들이 누구인지조차 모르는 상황에서 아이가 힘겹게 학교에 다니게 되었습니다. 즐거워야 할 1학년 시기에 벌어진 일이라 저로서는 몹시도 속상했지만 아이가 건강하게 적응하기만을 바랐습니다. 하지만 학교에 가는 날은 생각보다 적었고, EBS 방송에 의지하며 아이가 스스로 학습을 해나가기를 바라는 것은 부모의 욕심이라는 생각이 들었습니다.

온라인 학습이 시작되고 뉴스에서는 기초학력 저하의 심각성 및 학습 격차의 심화에 관한 보도가 연일 이어졌습니다. 학습에서 빈익빈 부익부가 심해진 것을 현장에 있던 저도 체감할 수 있었습니다. 특히나 수학은 나선형 교육과정의 특성상 처음 배울 때 기본 개념과 원리를 제대로 익혀야 이후 후속 학년에서의 학습이 순탄하게 이뤄집니다. 하지만 학생들이 학교에 가지 못하는 현실과 더불어, 학교에 간다 하더라도 선생님 한 분이 다수의 학생을 꼼꼼하게 지도해주기란 현실적으로 불가능하다는 것을 경험으로 알고 있었습니다. 저는 원격 수업이 시작되고 한 달 정도 지난 후부터 '이대로는 안 되겠다' 싶어 집에서 아이와 함께 수학 교과서를 이용하여 놀이처럼 공부했습니다.

초등학교 저학년 아이와 함께 엄마표 수학을 하는 데 도움을 많이 받은 책은 전위성 선생님의 《엄마의 수학 공부》입니다. 전공자가 아닌 엄마여도 책을 보고 충분히 따라 할 수 있을 만큼 초등 수학 연산 지도법이 자세하고 친절하게 설명되어 있습니다. 당연하게 여겨온 덧셈, 뺄셈, 등호 등의 개념을 아이에게 막상 알려주려니 막막했는데, 이 책을 참고하여 아이와 함께 구체물을 이용해서 공부하니 즐겁게 알려줄 수 있었습니다.

집에서 교과서로 개념 학습을 해보니 아이가 수학을 대하는 태도나 마음이 매우 긍정적이었습니다. 힘들게 학원을 왔다 갔다 하는 것도 아니고 별도의 숙제가 있는 것도 아니니 당연하다는 생각도 들었습니다. "엄마랑 집에서 수학 공부하면 학교 수업 들을 때 이해도 더 잘 되고 재미있어요." 은택이는 동생도 엄마랑 수학을 공부하면 좋을 것 같다고 이야기할 정도로 엄마와 하는 수학 공부를 좋아합니다. 덕분에 둘째는 7살부터 초등학교 1학년 수학 교과서를 이용해서 놀이처럼 수학을 익혔습니다. 현재는 제가 운영하는 '엄마표 수학 연구 모임'을 통해 교과서를 기본으로 한 놀이 수학을 블로그 이웃분들과 함께 하고 있답니다.

초등 수학은 비싼 교구 수업이나 사고력 수학 학원 등에 의존하지 않고도 편안한 분위기의 집에서 엄마와 함께 바둑돌, 레고 블록, 사탕, 젤리 등을 활용해서 충분히 공부할 수 있습니다. 초등학교 1학년 수학 교과서는 어른의 입장에서는 굉장히 시시해 보이지만 교육과정에 맞게 구성된 각본으로, 아이들이 처음에 수학을 배우기에 적절한 수준으로 제시되어 있습니다. 우리는 늘 기본에 소홀하지만 초등학교 저학년 시기부터 교과서를 중요하게 여기고 아이에게 기본 교재로 공부를 하는 습관을 들여준다면 이후 중등 수학을 접할 때 아이 스스로 교과서를 주요하게 살펴보지 않을까 합니다.

수학은 직접 문제를 풀어보고 매일 공부하는 습관이 바탕이 되어야 하는 과목입니다. 제아무리 좋은 강사의 수업이라 해도 직접 풀어보지 않고 듣는 수학에 익숙해져버리면 자기 주도적인 학습이 이루어지지 않습니다. 저는 아이들에게 매일 공부하는 습관을 만들어주기 위해 한 달에 한두 번 정도는 아이와 함께 교과서로 개념을 정리하고 그 외의 날들에는 아이 스스로 분량을 정해서 수학 문제집을 풀도록 루틴을 만들었습니다.

첫째가 초등학교 입학하기 전에 저 역시나 마음이 바빠져 인터넷에서 이것저것 검색을 해보고는 남들이 좋다고 하는 연산 문제집을 아이에게 권했던 적이 있습니다. 아이는 처음 접하는 연산 문제집이 재미있었는지 며칠간 잘 풀다가 어느 날 제게 이야기하더군요. "엄마, 왜 똑같은 문제를 계속 풀어야 해요? 너무 지루하고 재미없어요." 머리를 망치로 얻어맞은 기분이었습니다. 아이의 기준에는 숫자만 바뀌는 연산 문제가 지루하고 뻔하게 느껴졌던 것입니다. 그 후 그 문제집은 그대로 책장에 꽂아두고, 아이와 함께 서점에 가서 아이가 직접 문제집을 고르게 했습니다. 이것저것 꺼내놓고 한참을 보더니 마음에 드는 것을 골라 든 아이는 지금도 같은 연산 문제집을 단계만 올려 꾸준히 풀고 있답니다.

문제집에서 어려운 문제가 나오거나 풀기가 힘들어도 아이가 직접 고른 문제집이면 이것저것 평계를 대지 않고 끝까지 풀게 됩니다. 반면 다른 아이들이 많이 푼다는 유명한 문제집을 엄마가 사서 권할 경우, 어려운 문제가 나오거나 문제를 풀기 싫어지면 아이가 엄마 평계를 대며 하지 않으려 들 수 있습니다. 이것은 제가 실패를 통해 얻은 교훈입니다. 수학 문제집 선택의 기준을 내 아이에게 두고, 아이의 성향과 수준에 맞는 것을 직접 고르게 하세요. 스스로 고른 문제집을 끝까지 푸는 성취감을 느껴본 아이는 또다시 해보려는 마음이 강하게 들 것입니다. 이 경험이 끝까지 해낼 수 있는 시작이 될 거예요.

이어서 제가 초등학교 1학년 수학 교과서를 기본으로, 아이들이 어릴 때 함께 했던 구체물 수학 놀이를 소개합니다. 저는 즐겁고 편안한 분위기에서 놀이를 하며 아이들이 기본 개념과 원리를 이해하게 하는 데 중점을 두었습니다.

이렇게 놀이로 공부 머리를 키워준 덕분에 두 아들은 현재 수학을 제일 좋아하고, 본인들이 가장 잘하는 과목이라고 생각합니다. 힘 빼고 기본에 집중하며, 아이와 함께 놀며 초등 수학을 준비해보세요. 수학에 긍정적인 마음을 가지게 된 아이는 수학을 좋아하고 즐기게 될 것입니다.

아이가 수학을 좋아하게 만드는
엄마의 말과 태도

종이 위 패턴 드릴 학습에서 벗어나
현실 세계의 수학을 알려주세요

11살, 9살 두 아이는 수학에 대한 정서가 굉장히 좋아요. 매일 해야 하는 공부 중에서 가장 먼저 수학 공부를 시작하고, 이를 마치고 나면 "엄마, 수학이 재미있어요!"라고 이야기하는 아이들이랍니다. '정말 수학을 좋아하는 아이들이 있다고?' 싶으신가요? 아이들이 수학을 좋아하게 된 이유, 수학에 자신감을 갖고 있는 이유는 바로 엄마의 말과 태도에 있습니다.

앞에서 말씀드린 것처럼 저는 아이들에게 일찍부터 패턴 드릴 방식(학습력을 기르기 위해 특정 형식 안에서 일부분만 계속 바꾸어가면서 연습하는 방식)의 연산 문제집을 풀게 하지 않았어요. 미취학 시기에는 실생활에서 익힌 경험을 통해 수학 감각을 기르는 것이 더 중요하다고 생각했기 때문입니다. 그렇기에 앉아서 문제집을 풀게 하는 대신 일상에서 주변의 물건이나 다양한 교구를 활용하여 수학적 경험을 많이 시켜주었습니다. 완두콩을 까며 획득한 현실 세계의 수학을, 교과서에 나오는 간단한 교구를 활용한 중간 세계를 거쳐 정확한 수학 개념으로 연결시키고 수학의 세계에 안착시키는 것에 초점을 두었답니다.

집에 비싸고 대단한 수학 교구를 구비해놓는다거나 아이들에게 별도의 수학 수업을 받게 하지는 않았지만, 교과 수학에 필요한 교구들은 사놓고 활용 중이에요. 초등학교 저학년 수학에 필요한 교구 정도만 구입해놓고 아이와 함께 수학 놀이를 해보시는 것을 추천합니다. 더불어 '집콕 놀이'로 아이들과 함께 보드게임을 즐긴다면 놀면서 자연스럽게 수학 감각을 길러주는 데 도움이 될 것입니다. 초등학교 저학년 교과 수학에 필요한 교구와 보드게임은 뒤에서 설명할게요.

아이가 힘들어할 때는 손을 잡아주세요

저에게도 아이가 초등학교에 들어가기 전에 공부 습관을 잡아주겠다고 온라인 교육 카페며 이 블로그, 저 블로그 등을 검색하던 때가 있었습니다. 그렇게 살펴보니 수학 연산, 사고력 수학,

교과 수학, 어휘, 독해, 논술, 한자, 영어 등 해야 할 것들이 어찌나 많던지요. '나만 그동안 아무것도 안 했나? 내가 아이들을 너무 놀렸나?' 하는 생각에 마음이 조급해졌습니다. 하지만 은택이에게 연산 문제집을 풀게 했을 때 아이가 되물어온 질문에 마음을 다잡은 그날 이후로, 시중에 나와 있는 수학 교육 관련 도서들을 읽기 시작했습니다. 책을 통해 초등 수학의 교육과정 및 중요한 개념, 중등 수학을 위해 탄탄히 해둬야 하는 단원, 매 학년마다 학생들이 어려워하는 단원과 그것을 위해 어떻게 공부해나가야 하는지를 알게 되었습니다.

우리는 실체를 알지 못하기에 갖는 막연함 때문에 두려움을 느끼게 됩니다. 두려움으로 각종 핑계를 늘어놓을 때도 있고, 시작을 망설일 때도 있습니다. '이것도 알아야 해?', '이것까지 해야 해?'라는 마음보다는 아이가 수학을 배우며 겪을 어려움을 먼저 알고 도와줄 수 있는 방법을 찾는다는 마음으로, 수학 교육과정에 대한 '엄마 공부'를 해보세요. 모든 것을 아이에게만 맡겨놓고 "너는 왜 못하니?"라고 묻기 전에 어디가 어려울지, 수학 교육과정은 어떻게 흘러가는지 시중에 나와 있는 수학 관련 도서 두어 권을 읽고 파악해보세요. 문제가 해석이 되지 않고 어려워서 못 푸는 아이 탓만 하지 말고, "엄마가 찾아봤는데 원래 곱셈보다 나눗셈이 어렵대. 분수가 중요하다고 하니 우리 꼼꼼하게 다시 해보자" 하는 따뜻한 말로 격려해주면 아이와의 관계도 챙기면서 아이의 수학 실력도 덤으로 따라올 거예요.

아이 앞에서 절대 하지 말아야 할 말이 있습니다

"엄마(아빠)도 수포자였어."

티처빌 원격교육연수원에서 제공하는 정재승 교수님의 '뇌 과학으로 아이들을 다시 보다' 연수 내용 중 인상 깊었던 부분이에요. 뇌 과학에 따르면 부모의 불안은 자녀에게 전이가 된답니다. 따라서 부모님이 "엄마(아빠)가 수포자라 미안하다"라고 말하는 순간부터 아이에게 불안이 전이되어 "내가 부모님을 닮아 수학을 못하나 봐"라는 최악의 상황으로 자연스럽게 흘러가게 된다고 합니다.

절대로 아이들 앞에서 '수포자'라는 단어, "엄마(아빠)는 수학을 못했어"라는 자신감 없는 말씀은 하지 마세요. 뇌 과학과 관련된 이론을 접한 이후부터 저도 자신감을 갖고 긍정적으로 이야기하려 노력한답니다. "이 정도는 엄마가 할 수 있지! (사실은 아니면서) 엄마도 학교 다닐 때 수학 정말 잘했어. 와! 우리 윤택이 수학 진짜 잘하네."

부모의 불안을 내색하지 말고 수학에 대한 긍정적인 반응과 언어를 계속적으로 표현해주세요. 자녀에게 긍정의 기운이 전달되고 은연중에 '수학은 재미있고 할 만한 과목'이라는 생각을 심어주게 될 것입니다.

엄마표 수학은 장비발:
초등 저학년과 연계되는 수학 교구

　초등학교 저학년 교과서를 살펴보면 중간 세계인 구체물을 이용해서 현실 세계에서 수학의 세계로 안내하고 있습니다. 따라서 아이가 어릴 때부터 수학 학습의 기초가 되는 구체물의 조작 활동을 충분히 해보게 해 수학은 재미있고 즐겁다는 인식을 가지도록 해줄 필요가 있습니다. 학년이 올라갈수록 익혀야 할 과목과 공부량이 늘면서 아이와 엄마의 마음이 바빠지고 여유가 없어집니다. 상대적으로 시간에 여유가 있는 유아기에 집에 구비해두고 사용하시면 좋을 교구를 소개합니다.

1. 바둑돌: 연산

초등학교 1학년 수학에서 가장 중요한 것은 '10을 가르고 모으는 활동'이랍니다. 가르기와 모으기는 후속 학습인 덧셈과 뺄셈 연산의 기초가 되는 가장 기본적인 학습 내용이에요. 바둑돌을 이용하면 가르기와 모으기를 놀이처럼 익히고 연산의 기본기를 획득하기에 좋습니다.

아이가 한 움큼씩 집었을 때 손에 잡힌 만큼의 바둑돌을 이용해서 다양하게 가르기와 모으기를 해보세요. 아이가 좋아하는 캐릭터나 놀이가 있으면 이를 이용하면 좋답니다. "다리를 만드는 데 병사 3명의 도움이 필요해요. 하얀 나라 병사와 검정 나라 병사를 합해서 3명을 모아주세요." 5살 윤택이는 병사 놀이를 좋아했기에 저는 가르기와 모으기를 할 때 늘 병사를 등장시켰답니다. "엄마, 하얀 병사가 모두 3명이면 검정 병사는 없어도 돼요", "하얀 병사가 1명 오면 검정 병사는 2명이 오면 돼요" 등 아이가 직접 바둑돌을 이용해서 이야기를 꾸미고 수를 모으며 자연스럽게 놀이가 될 수 있어요. 엄마는 아이가 하는 과정을 지켜보면서 적절한 때에 도움을 주고 말을 걸어주기만 하면 됩니다.

가르기 또한 아이가 손으로 한 움큼 잡은 바둑돌을 이용해서 해본다면 직접 만져보고 눈으로 보며 익힐 수 있기 때문에 연산 문제집만 푸는 것보다 훨씬 쉽고 즐겁게 할 수 있답니다. 예를 들어 아이가 바둑돌 4개를 집었다면 엄마가 먼저 시범을 보이면서 물어봐주세요. "바둑돌 4개를 엄마는 1개, 윤택이는 3개를 가질 수 있어. 엄마가 2개 갖는다면 윤택이는 몇 개를 가질 수 있지?"

질문을 통해 다양한 경우를 물어보고 아이가 직접 해보게 한다면, 아이에게 수학은 힘들고 어려운 것이 아니라 즐겁게 놀면서 배울 수 있는 것이라는 긍정적인 생각을 심어주실 수 있을 거예요.

초등학교 1학년 1학기 때는 2에서 9까지의 수 가르기와 모으기를 배우는데, 가르고 모으는 모든 경우가 교과서에 나와 있지 않아요. 따라서 아이가 집에서 엄마랑 놀이처럼 2에서 9까지의 모든 수를 가르고 모으기를 하며 익힌다면 추후 덧셈과 뺄셈 연산에 큰 도움이 될 거랍니다.

2. 연결 큐브 수 막대: 연산

연결 큐브는 시중에서 쉽게 구할 수 있고 교과서에도 등장하는 교구랍니다. 각 색깔별 막대 10개씩 10줄, 총 100개가 들어 있는 세트 하나만 있으면 초등학교 1학년 수학에 나오는 100까지의 수를 익힐 수 있어요. 연결 큐브를 이용해서 10까지 수 세기, 10의 보수 찾기, 2개씩 묶어 세기, 10개씩 묶어 세기 등 다양한 교과서 활동을 놀이처럼 할 수 있습니다.

3. 칠교판: 도형

칠교놀이는 초등학교 2학년 1학기 수학 교과서에 처음으로 등장합니다. 교과서 수준은 크게 어렵지 않아서 칠교를 처음 접하는 학생들도 부담 없이 할 수 있는 도형 파트입니다. 유아기에 도형에 대한 감각을 키워주고 싶으시다면 문제집보다는 칠교판을 가장 추천해드리고 싶습니다. 칠교놀이는 큰 정사각형을 직각이등변삼각형과 정사각형 등 총 7개로 자른 조각들을 하나씩 모두 사용해 모양을 만드는 놀이로, 아이들이 퍼즐처럼 할 수 있답니다. 놀이 방법만 터득하고 나면 아이 혼자 10~15분씩 앉아서 할 수 있어요. 집중력을 키워주기에도 좋고 도형을 이리저리 돌려가며 퍼즐을 맞춰야 해서 소근육 발달에도 좋답니다.

4. 쌓기 나무: 도형 및 공간지각

초등학교 2학년 1학기 수학 교과서에 처음 등장하는 쌓기 나무의 내용은 굉장히 쉽지만, 학년이 올라가면서 쌓기 나무의 난도도 올라가기 때문에 공간지각 능력이 발달하지 않은 아이들은 어려워한다고 합니다. 수업 시간에 모든 활동을 다 해보면 좋지만 현장 여건상 모든 활동을 꼼꼼하게 하기는 힘들지요. 교과서에 있는 쌓기 나무 문제를 집에서 직접 해본다면 아이들의 공간지각 능력과 자신감도 차곡차곡 쌓일 거예요.

5. 수 막대 모형: 연산

초등학교 1학년 2학기 수학에서 자릿값을 배우면서 사용하기에 좋은 교구입니다. 자릿값은 어른의 눈에는 굉장히 당연하고 쉽지만 아이에게는 어려운 장벽 중 하나입니다. 이때 구체물로 자릿값을 익히면 아이가 받아들이기도 쉽고, 지도해주는 엄마도 상당히 편해요. 눈앞에서 바로바로 결과를 만들어낼 수 있기 때문이죠. 일 모형 10개가 모이면 십 모형 1개가 되고, 십 모형 10개가 모이면 백 모형 1개가 된다는 것을 눈으로 보고 익힌 아이와 머릿속으로만 알고 있는 아이 사이에는 큰 차이가 있겠죠? 추후 세 자릿수, 네 자릿수 연산에서 아이가 자릿값 때문에 헷갈려하거나 실수할 일도 줄어들 것입니다.

궁극적으로 엄마와 아이가 수학이라는 공동의 문제를 해결해나가는 협동 과정에서 티칭이 아닌 코칭이 이루어지려면 엄마가 아이의 눈높이에서 아이가 바라보는 세계에 맞게 적절한 도움을 주어야 합니다. 구체물 교구를 가지고 엄마와 즐겁게 함께 한 수학 놀이는 엄마와 아이의 관계도 돈독히 다져주며 학습으로 자연스럽게 이어질 것이라 생각합니다.

달걀판과 바둑돌을 이용한 수 놀이

아이가 어눌한 발음으로 "하나, 두울, 세엣" 수를 세기 시작하면 부모님들은 마음이 급해지며 '무엇을 해줘야 할까?' 고민을 시작합니다. 이 시기에는 아이가 기계적으로 수를 잘 세는 것이 중요한 것이 아니라, 수가 무엇인지에 대한 이해가 우선이 되어야 합니다. 따라서 자녀에게 수를 가르친다는 생각보다는 '같이 놀이를 한다'는 생각으로, 일상에서 구체물을 이용하여 아이에게 수 감각number sense을 길러주는 것이 좋습니다. 어릴 때부터 학습지에 숫자를 쓰고 연산을 하게 하는 것보다는 손으로 만져보고 느껴보며 말로 표현하게 해주세요. 몸으로 직접 해보는 활동은 수 감각을 기르는 좋은 기회가 될 것입니다.

서울교육대학교 수학교육과 오병승 명예교수는 아이에게 수와 관련된 개념을 가르칠 때 우선순위를 고려해야 한다고 말합니다.

가장 먼저 양量의 개념을 인식시켜주고 이후 일대일 대응, 수의 순서 및 크기, 가르기와 모으기 등 기초적인 수 개념을 차례로 가르치도록 권합니다.

저는 평상시 아이들에게 간식을 줄 때 아이가 "내 과자가 형보다 더 적어요", "엄마 과자가 저보다 많아요" 등 말로 표현해보면서 많다, 적다라는 양의 개념을 자연스럽게 알아가도록 했습니다.

그다음으로 거실 한쪽 잘 보이는 곳에 바둑돌을 두었다가, 아이와 함께 흰색 돌과 검은색 돌을 각각 일렬로 늘어놓고 일대일 대응을 놀이처럼 연습했습니다. 제가 먼저 흰색 돌과 검은색 돌을 짝을 짓는 시범을 보여주고 "엄마 바둑돌이 더 많네", "윤택이 바둑돌이 더 적다", "엄마랑 윤택이 바둑돌이 똑같네" 말로 표현해주면서, 아이가 눈으로 보고 바둑돌을 만지며 일대일 대응을 이해할 수 있도록 안내했습니다. 이후에는 아이 스스로 일대일 대응을 해볼 기회를 주었습니다. 아이가 먼저 바둑돌을 꺼내면 의도적으로 엄마가 조금 더 많게, 적게 혹은 같은 개수만큼 꺼내면서 아이에게 다양한 상황의 일대일 대응을 말해볼 수 있도록 해주세요.

일대일 대응 관계를 이해하면서 아이는 수 세기가 가능해지고 수를 인식하게 됩니다. 저는 아이가 수를 셀 수 있게 되었다고 무리하게 수를 세고 숫자를 써보게 하기보다는 일상에서 수 세기 연습을 함께 했습니다. 완두콩을 까고, 계단을 오르내리며 제가 먼저 수를 세고 아이가 듣고 따라 해볼 수 있게 기회를 주었습니다. '모방 학습'은 본능적이지만 효과가 좋은 학습 방법이기 때문에 부모가 유아기 자녀에게 쉬운 것부터 차례대로 시범을 보이며 안내한다면 아이는 어느새 수학에 호감을 느끼고 수학 감각이 자연스럽게 성장할 것입니다.

기초적인 수 개념이 탄탄히 잡히고 수 세기가 가능해진 아이들과 이제 가르기와 모으기를 연습해보세요.

"젤리 5개를 바구니에 담아서 친구에게 선물할 거야. 엄마가 2개를 담으면 윤택이는 몇 개를 담아야 할까?"

"5개 중에서 엄마가 2개를 담았으니 저는 3개요."

저는 아이가 좋아하는 젤리를 이용해서 아이가 눈으로 보면서 직접 말로 해보도록 연습을 충분히 했습니다. "엄마가 1개를 담으면 윤택이는 몇 개를 담아야 하지?"처럼 다양한 방법으로 수를 모을 수 있다는 것을 자연스럽게 알도록 해주세요.

가르기도 마찬가지로 사탕을 가지고 아이가 직접 나누게 해보며 연습했어요.

"사탕 4개를 형한테 1개 주면 윤택이는 몇 개를 가질 수 있지?"

"형 1개, 나 3개 가지면 돼요."

사탕 4개는 (1,3), (2,2), (3,1)의 다양한 방법으로 가르기가 가능하므로, 아이에게 여러 상황을 제시하고 물어보았답니다.

처음부터 큰 수를 모으고 가르면 아이가 힘드니 '5까지의 수'에서 '9까지의 수'로 확장해가며 초등학교 1학년 교과서 순서대로 연습했습니다. 한 번에 2에서 9까지 모든 수를 하지 않고 하루에 하나씩 5분 안에 끝날 수 있게끔 했어요. 유아기 아이들의 집중력은 그리 길지 않으므로 욕심내지 않고 짧게, 그러나 매일 반복해서 연습하는 게 더 중요하다고 생각했거든요.

아이가 엄마와 놀면서 '수학은 재미있다'라는 긍정적인 생각을 갖게 하는 게 엄마표 수학의 목표였기 때문에 학습지는 따로 하지 않았습니다. 엄마와 아이가 말로 주고받으며 다양한 상황에서 수 놀이를 하면 좋은 점은 스토리텔링 수학, 문장제에 익숙해진다는 것입니다. 초등학교 1학년 수학 교과서를 살펴보면 "오리 3마리가 연못에서 헤엄을 치고 있었습니다. 오리 2마리가 더 온다면 연못에 있는 오리는 모두 몇 마리가 될까요?"와 같이 문장을 읽고 의미를 파악하는 문제가 많이 등장합니다. 어릴 때부터 엄마와 대화하며 충분히 경험해본 상황들이기 때문에 우리 아이들은 교과서의 문제를 어렵지 않게 해결해나가고 있답니다. 모으기, 가르기 활동은 추후 연산의 기초인 덧셈과 뺄셈의 바탕이 됩니다. 유아기에 구체물을 이용해서 연습할 수 있는 시간이 충분하니 아이와 간식을 먹으며 자주 해보세요.

모으기와 가르기 활동을 충분히 연습했다면 10의 보수를 익히는 다양한 활동을 시작해보세요. 우리는 0부터 9까지 10개의 숫자를 가지고 수를 표현하며, 10배마다 자릿수가 하나씩 올라가는 10진법을 기초로 수학을 배웁니다. 10의 보수 개념은 아이가 10까지의 수를 셀 수 있고, 가르기와 모으기를 충분히 연습해 정확히 할 수 있을 때 익히기 시작해야 합니다. 이때 아이들에게 기계적으로 외우게 하기보다는 놀이처럼 자연스럽게 익힐 기회를 주시면 수학을 더 재미있어하고 친숙하게 받아들일 수 있답니다. 초등학교 입학 전, 마음과 시간에 상대적으로 여유가 있을 때 놀이와 게임으로 10의 보수 개념을 익히도록 해주세요.

저는 초등학교 1학년 교과서를 살펴봤을 때 5×2 바둑판 배열에 수와 양을 대응시키는 방법이 좋아 보여서, 제가 직접 5×2 배열 표를 만들고 출력해서 코팅해두었습니다. 이렇게 만들어둔 표는 첫째가 7살 때부터 지금까지 계속해서 사용하고 있답니다.

표 위에 엄마가 검은색 돌을 하나 올려놓습니다. "10칸을 바둑돌로 채우려면 윤택이는 흰색 돌 몇 개를 올려놓으면 될까?" 10칸 중에 1칸만 검은색 바둑돌로 채워져 있는 것을 아이가 눈으로 보고 직관적으로 빠르게 답을 할 수 있답니다. 배열 표와 바둑돌을 이용해서 [1,9], [2,8], [3,7], [4,6], [5,5], [6,4], [7,3], [8,2], [9,1]의 방법을 천천히 그리고 충분히 연습을 했습니다. 색깔을 바꿔가면서도 해보고, 앞서 소개했던 교구 중 연결 큐브를 이용하기도 하고, 곰 젤리를 먹다가 표에 올려놓기도 했답니다.

10구짜리 달걀판을 이용해서 같은 놀이를 반복해서 했어요. 먼저 아이가 직접 달걀판에 바둑돌을 하나씩 채우며 총 10칸이라는 것을 알게 합니다. 그런 다음 엄마가 달걀판에 바둑돌을 5개 넣고, 아이에게 보여주며 "몇 칸이 비어 있지?" 질문을 해보세요. 아이가 눈으로 보고 빈칸의 개수를 말로 해보면서 10의 보수를 익히기에 제격이랍니다. 아이가 어느 정도 익숙해지면 엄마와 아이의 역할을 바꿔서 해보는 것도 좋아요. 이때 엄마에게는 아이가 낸 문제를 살짝 틀려주는 연기력도 필요합니다. 아이가 바둑돌을 채운 것을 보여주며 "엄마, 몇 칸이 비어 있나요?" 물어보면 (3칸인데) "4칸요"라고 일부러 틀린 답을 말하는 겁니다. "땡! 엄마, 아니에요. 지금 바둑돌이 7개가 있으니 3칸이 빈 거예요." 아이가 올바르게 대답하면 폭풍 칭찬을 해주세요. 아이의 자존감과 함께 수학에 대한 흥미도 자라날 것입니다.

10의 보수는 초등학교 1학년 2학기의 받아 올림이 있는 덧셈과 받아 내림이 있는 뺄셈을 시작으로 계속 나오기 때문에, 처음에 기초를 잡아주는 일이 가장 중요합니다. 아이가 수를 셀 수 있고 손가락을 이용해서 덧셈과 뺄셈을 할 수 있다고 해서 어릴 때부터 학습지를 풀게 하지 말고, 일상에서 하루 5분씩 즐겁게 수를 익히는 놀이를 같이 해보세요.

짝꿍은 어디 있을까요?

　　엄마표 영어를 시작할 때 가장 쉽게 할 수 있는 것이 노출이지요. 영어 노래나 영어 영상을 아이와 함께 보면서 아이가 소리에 익숙해지도록 해주고, 아이의 수준에 맞는 영어 그림책을 읽어줍니다. 엄마표 수학도 마찬가지라고 생각해요. 수학으로 가득 찬 세상에 자연스럽게 노출시켜 아이가 흥미를 갖게 하는 것이지요. 그러려면 화려하고 다양한 교구 수업이 필요한 게 아니라, 일상에서 엄마와의 대화면 충분하다고 말씀드리고 싶습니다. 홀수와 짝수를 익힌다고 해봅시다. 양말을 신을 때, 신발을 신을 때, 식탁에서 젓가락의 짝을 맞출 때, 손가락과 발가락을 보면서 등등 일상에서 자연스럽게 수학에 노출될 기회는 많이 있어요. 학습지의 연산 문제 하나를 푸는 대신 일상생활에서 발견한 수학에 흥미를 갖게 해준다면, 수학에 대한 아이의 정서가 좋아질 거예요.

다음은 수와 양의 대응을 알고 수를 셀 수 있는 아이들에게 바둑돌과 수 카드, 스티커를 이용해서 홀수와 짝수의 개념을 심어주는 놀이입니다. 교육과정상 홀수와 짝수는 초등학교 1학년 2학기 1단원에서 처음 배우게 됩니다. 1학년 수학 교과서를 살펴보면 '2, 4, 6, 8, 10과 같이 둘씩 짝을 지을 수 있는 수를 짝수라 하고 1, 3, 5, 7, 9와 같이 둘씩 짝을 지을 수 없는 수를 홀수라 한다'고 서술되어 있습니다. 저는 아이에게 홀수, 짝수라는 개념에 앞서 바둑돌을 이용해서 짝 맞추기 놀이를 함께 했습니다.

먼저 엄마와 아이가 각각 바둑돌을 한 움큼씩 잡은 다음, 서로 하나씩 내놓아 짝을 맞춰보세요. 바둑돌 짝이 맞는 경우도 있고 하나가 남는 경우도 생길 거예요. 각각의 경우에 따라 아이와 대화할 때 "이번에는 엄마랑 윤택이랑 짝이 딱 맞았네", "내 짝꿍 어디 갔지? 나는 짝꿍 없이 혼자 있어서 외로워"라는 표현을 쓰며 '2개씩 짝을 지을 수 있다, 없다'에 익숙해지도록 이야기를 해주세요. 짝이 있고 없는 다양한 경우를 아이가 눈으로 보고 손으로 만져가며 입으로 직접 말해보게 해주세요. 이 과정이 익숙해진 후에 홀수와 짝수의 개념을 설명해주어도 늦지 않습니다.

앨버트 밴듀라Albert Bandura의 사회 인지 학습 이론에 따르면 인간이 어떤 모델의 행동을 보는 것만으로도 학습이 이루어지며, 이것을 관찰 학습 이론 또는 모델링이라고 합니다. 이때 단지 타인을 관찰함으로써 어떠한 형태의 지식을 기억하고 그것을 행동으로 재생할 수 있다면 관찰 학습이 이루어진 것으로 본다고 합니다. 엄마가 충분히 시범을 보여준다면 아이에게는 관찰 학습이 효과적으로 이루어질 것입니다.

바둑돌을 꺼내 짝을 맞추는 놀이에 아이가 익숙해졌다면 5와 6같이 홀수 카드 하나와 짝수 카드 하나를 동시에 꺼내고 각 카드에 적힌 수에 따라, 바둑돌을 늘어놓으며 엄마가 먼저 시범을 보여주세요.

"숫자 5는 흰색 바둑돌 짝이 하나 없고, 숫자 6은 검은색 바둑돌이 2개씩 짝이 맞네. 이번에는 윤택이가 7과 8 카드를 이용해서 엄마처럼 한번 해볼래?"

"엄마, 7은 짝을 지었을 때 하나 남고 8은 짝이 딱 맞아요."

아이가 눈으로 본 것을 언어로 표현해냈다면 이제 홀수와 짝수라는 개념을 알려주면 됩니다. 아이의 말 속에 이미 답이 들어 있으니까요.

"맞아. 2개씩 짝을 지었을 때 8처럼 남는 게 없는 수를 짝수라고 하고, 7처럼 남는 게 있는 수를 홀수라고 해."

"아, 엄마. 짝짝 맞으면 짝수, 혼자 있으면 홀수네요."

아이가 나름대로 이해한 것을 다시 한 번 말로 표현하면 폭풍 칭찬해주기, 잊지 마세요.

이제 홀수와 짝수의 개념이 생긴 아이에게 주도권을 넘겨주시면 됩니다. 수 카드를 늘어놓고 마음에 드는 카드를 뽑거나, 엄마와 가위바위보를 해 이긴 사람이 수 카드를 뽑게 할 수도 있어요. 뽑은 카드에 적힌 수만큼 바둑돌을 줄지어 늘어놓고 짝을 맞춥니다. 바둑돌 놀이가 익숙해졌다면 스케치북에 1에서 10까지의 수를 써놓고 스티커 붙이기, 도장 찍기를 하며 홀수와 짝수를 익힐 수도 있답니다.

놀이를 통해 충분한 개념이 생긴 후에는 생활 속에서 홀수와 짝수를 찾아보는 활동도 함께 해보세요. "우리 집에서 항상 짝수인 것은? 항상 홀수인 것은?" 아이는 신이 나서 온 집 안을 돌아다니며 짝수와 홀수인 것들을 찾을 거예요. 일상에서 하루에 5분씩만 수학에 노출해준다는 마음으로 가볍게 시작해보세요. 아이도 엄마도 공부인지 모르게, 수학을 재미있게 접하다 보면 수학에 대한 좋은 정서가 가득 쌓여서 정작 학교에서 수학 공부를 해야 할 때 즐겁게 할 수 있을 것입니다.

어느 것이 더 길까요?

초등 수학은 수와 연산, 도형, 측정, 규칙성, 자료와 가능성 이렇게 5가지 영역으로 구성되어 있습니다. 크다, 작다, 넓다, 좁다 등은 일상생활에서 비교를 할 때 사용하는 말입니다. "우리 아파트가 학교보다 높다", "내가 친구보다 작다" 등 아이가 생활 속에서 많이 쓰고 있는 말일 거예요. 비교하기에 관한 어휘는 초등 수학의 측정 영역을 학습하는 데 가장 기초가 되는 개념이지만 아이들 입장에서는 헷갈리기 때문에 엄마가 평소 대화할 때 정확하게 알려주는 것이 중요합니다.

길이를 비교할 때 '길다/짧다', 무게를 비교할 때 '무겁다/가볍다', 높이를 비교할 때 '높다/낮다', 넓이를 비교할 때 '넓다/좁다', 들이(담을 수 있는 양)를 비교할 때 '많다/적다'라는 표현을 아이에게 생활 속 놀이로 알려주세요.

블록 놀이를 할 때 비교하기 표현을 써주면 좋아요. 아이와 함께 기다란 기차를 만들면서 "누구 기차가 더 길지?", 높은 성을 만들며 "어떤 성이 더 높지?" 엄마가 질문하고 아이가 대답하며 표현을 해보게 하세요. 아이가 비교하기 표현에 익숙해지는 것이 먼저랍니다.

그런 다음 집 안에 있는 물건들을 이용해서 영역을 넓혀주세요. '우리 집에서 가장 긴 물건 찾기', '가장 작은 물건 찾기', '윤택이 키보다 큰 물건 찾기', '엄마 발 크기보다 작은 물건 찾기' 등 직접 비교할 수 있는 것들을 찾아보고 말로 표현해보는 놀이를 많이 해보세요. 아이가 알고 있는 것을 말로 설명해보는 경험이 중요하니, 엄마나 아빠에게 설명할 기회를 많이 주세요. 이런 경험을 통해 생활 속에서 내가 아는 것과 모르는 것을 구분할 수 있게 되어 메타 인지를 자연스럽게 키울 수 있답니다.

같은 물건을 엄마와 아이가 각자 손이나 발을 이용해서 재보세요.

"식탁을 엄마 손으로 재봤더니 다섯 뼘 나왔어. 윤택이도 한번 해볼래?"

"엄마, 저는 아홉 뼘이에요. 똑같은 식탁인데 왜 다르지? 엄마 손이 더 커서 그런가?"

아이가 궁금증을 갖고 질문을 하게 될 거예요. 바닥에 선을 그어놓고 엄마와 아이가 발로 측정해보며 같은 놀이를 할 수도 있어요. 한 발 두 발 조심스럽게 떼며 길이를 재는 아이의 뒷모습은 사랑 그 자체랍니다. 이 과정을 통해 임의 단위에 의한 측정이 정확하지 않다는 것을 아이 스스로 느끼게 됩니다. 추후 학교에서 임의 단위의 불편함 때문에 단위길이(계산의 기초가 되는 길이의 일정한 기준. 센티미터, 미터, 킬로미터 등으로 표시)를 쓴다는 것을 배우게 되면 엄마와 함께 측정 놀이를 해본 경험이 기억난 아이들은 즐겁게 배울 수 있겠지요.

아이와 수학 놀이를 할 때 수학 동화책의 도움을 받는 것도 좋답니다. 저도 종종 대화만으로는 부족할 때 스토리텔링 식의 수학 동화책을 함께 읽어보고 활동을 했습니다. 《우리 집 예쁜 자》는 주인공 아이가 집 안에 있는 가구를 손, 발, 걸음을 이용해서 재어보는 내용이에요. 저는 아이들과 이 책을 함께 읽고 손과 발, 걸음, 몸길이 등을 이용해 우리 집 지도를 그려보았어요. 직접 해보는 과정 중에 배움은 절로 일어난답니다.

바둑돌 묶어 세기 놀이

저는 수와 양에 대한 개념이 생기고 수 세기가 익숙해진 아이들과 바둑돌이나 연결 큐브 등을 이용해서 묶어 세기 놀이를 자주 했습니다. 묶어 세기 놀이는 직관적으로 덧셈 개념을 잡을 수 있고 나아가 곱셈의 원리까지 익힐 수 있는 좋은 놀이랍니다.

우선은 통에서 한 움큼 꺼낸 바둑돌을 2개씩 묶어 세는 것부터 했답니다. 2개, 4개, 6개, 8개, 10개…. 엄마가 2개씩 묶으며 늘어놓고, 아이가 눈으로 보고 손을 이용해서 세어보게 했어요. 이를 몇 번씩 반복하다 보면 처음에는 익숙하지 않아서 천천히 보면서 말하던 아이가 어느덧 자연스럽게 묶어 세는 때가 옵니다. 처음부터 여러 수를 묶어 세는 것이 아니라 2개씩 묶어 세기가 익숙해지면 5개씩, 10개씩 묶어 세는 식으로 반복하고 확장해나갔습니다.

학습 과학 원리에서는 '작업 기억working memory의 용량과 주의력에는 한계가 있어 너무 많은 정보가 일시에 주어지면 인지 과부하가 일어나 이해에 실패한다'고 이야기합니다.* 따라서 아이에게 너무 많은 자극을 한꺼번에 넣어주는 것이 아니라, 인지 과부하가 일어나지 않도록 아이 수준에 맞는 선에서 직접 해보기를 반복하고 수를 천천히 확장해나가며 놀이를 했던 것입니다.

제가 워킹맘이다 보니 퇴근 후 저녁 준비나 집안일로 바쁠 때는 어린 두 아이를 각각 챙겨주기가 여간 힘들지 않았습니다. 아이들도 눈치가 있어 엄마가 바쁜 날이면 고맙게도 둘이 잘 놀아주었답니다. 퇴근 후 저녁 준비로 정신없던 어느 날, 둘의 대화를 듣고는 깜짝 놀랐어요. "윤택아, 지금 만든 성 주변에 성벽을 만들자. 이 성벽은 특이하게 큐브가 2개씩 늘어나." 둘이 열심히 2개씩 묶으며 성벽을 만들고는 은택이가 윤택이에게 시범을 보이는 것입니다.

"잘 봐. 이 성은 셀 수 있는 방법이 굉장히 다양해. 2개씩 묶어세기는 너도 잘하니까 한번 해볼래?"

"응, 형아. 2, 4, 6, 8, 10, 12, 14, 16, 18, 20."

"좋아, 잘했어. 그러면 이제 4개씩 세어보자."

"4, 8, 12, 16, 20. 다 했어, 형."

"그러면 이제 5개씩 세어봐."

---

* '학습 과학의 이해와 적용(4)', 교육을바꾸는사람들(2021.02.03.)

"5, 10, 15, 20."

"자, 마지막이야. 10개씩 세어보는 거야."

"10, 20. 와, 형! 신기하게 수가 커질수록 더 편하게 셀 수 있어. 더 빨리 끝나잖아. 엄마, 엄마, 형이랑 성벽 만들고 묶어 세기 같이 했는데 수가 커질수록 더 빨리 셀 수 있어요."

2개씩 묶어 세기, 4개씩 묶어 세기, 5개씩 묶어 세기, 10개씩 묶어 세기를 해보고 10개씩 묶어 세기가 가장 효율적인 수 세기 방법이라는 것을 스스로 인지하게 된 은택이가 동생에게도 놀이를 통해 알려준 것이지요. 엄마와 함께 했던 놀이를 아이들끼리 확장해나가는 모습을 보고 있자니 마음이 매우 벅찼습니다.

10 이상까지 셀 수 있는 아이라면 아이가 셀 수 있는 수만큼 묶어 세기를 해보세요. 놀이가 익숙해지면 아이가 스스로 효율적인 수 세기 방법을 발견해낼 거예요. 아이들은 묶어 세기를 하다 보니 자연스럽게 수를 더해가면서 뛰어 세기도 가능하게 되었고, 바둑돌을 놓으면서 앞으로 세기, 거꾸로 세기, 건너뛰기 놀이 등을 하다가 1 큰 수, 1 작은 수, 2 큰 수, 2 작은 수까지 셀 수 있게 되었습니다.

2학년 수학에서는 대망의 곱셈과 구구단이 등장합니다. 곱셈을 배우기 전에 저와 함께 다양한 수 놀이를 통해 '같은 수의 반복적인 덧셈'이라는 곱셈의 원리를 익혔던 은택이는 학교에서 곱셈을 배우고 온 날 그러더군요. "엄마, 오늘 학교에서 곱셈을 배우면서 묶어 세기를 배웠는데, 엄마랑 같이 했던 놀이라 저는 굉장히 쉽고 재미있게 했어요. 옆에 친구가 힘들어해서 제가 설명해주었더니 선생님께서 칭찬해주셨어요." 일상생활의 수 놀이가 초등학교 수학 수업에 자연스럽게 적용되는 장면을 직접 겪어보니 아이들과 수학 놀이를 같이 하길 잘했구나 싶었답니다.

병뚜껑 컬링 덧셈 놀이

2018년 겨울, 평창 동계 올림픽이 한창일 때였습니다. 손에는 각종 응원 도구를 들고 아이들과 함께 올림픽경기를 관람하며 목이 터져라 대한민국을 응원했습니다. 먼 미국 땅에서 작은 노트북 화면으로 보는 국가 대표 경기는 가슴을 더 뛰게 만들더군요. "영미! 영미!" 팀 킴의 주장 김은정 선수의 화이팅 넘치는 목소리와 정교한 컬링 스톤과 브룸이 굉장히 인상 깊어, 아이들도 저도 처음 보는 컬링 경기에 푹 빠져들었답니다. 그날 이후 두 형제가 집 안에 있는 온갖 물건을 꺼내 컬링 놀이를 하는 모습을 보면서 웃음이 났습니다. 어떤 날은 물이 가득 들어 있는 생수병을 세워 놓고 물걸레 막대기로 밀기도 하고, 어떤 날은 마당에 동그라미를 그려놓고 플라잉 디스크를 이용해서 컬링을 흉내 내는 모습이 너무 귀여웠거든요.

아이들의 놀이를 보자 제가 과학 수업 시간에 진행했던 병뚜껑 컬링 대회가 떠올랐습니다. 실제 중학교 1학년 과학 '여러 가지 힘' 단원에서 마찰력을 배우며 '질량과 마찰력의 크기, 마찰계수와 마찰력의 크기'에 관한 실험을 할 때 병뚜껑 컬링 대회를 했습니다. 그때의 기억을 바탕으로 컬링 덧셈 놀이로 바꾸어 해보았답니다.

일정한 간격으로 크기가 다른 동그라미를 여러 개 겹쳐서 그려 컬링 판을 만들고, 각 동그라미 위에 점수를 써줍니다. 아이가 손가락을 이용해서 '한 자릿수 + 한 자릿수' 덧셈을 할 수 있다면, 모두 더했을 때 10을 넘지 않는 범위에서 점수를 써주세요. 아이가 놀이를 하며 연산을 어려워하지 않으면 더했을 때 10이 넘도록 컬링 판의 점수를 조금씩 크게 바꿔주면서 진행하시면 됩니다. 아이의 수준에 맞게 그때그때 변형하여 할 수 있기 때문에 완벽한 내 아이 맞춤형 놀이가 된답니다.

이제 컬링 스톤으로 쓸 병뚜껑을 준비해야 하는데, 페트병 뚜껑은 너무 가볍기 때문에 힘을 잘 조절하지 못하면 뚜껑이 컬링 판 밖으로 나가는 경우가 빈번합니다. 이럴 때는 고무찰흙 같은 점토류로 뚜껑 안쪽을 채워서 무게감을 주면 좋습니다. 또는 집에 있는 500원짜리 동전을 이용해도 되는데, 많이 어린 아이들이라면 동전을 치는 것보다는 병뚜껑을 치는 게 조금 더 편할 거예요. 아이에게 맞는 것을 스톤으로 사용하세요.

게임 방법은 간단합니다. 출발선에 엄마와 아이의 병뚜껑을 올려놓고 손으로 톡 쳐준 다음, 병뚜껑이 멈춘 자리의 점수를 기록합니다. 이어서 몇 번 더 엄마와 아이가 자기 차례에 각각 병뚜껑을 치고 점수를 기록한 다음 최종적으로 점수를 더해 승자와 패자를 가르면 됩니다. 분명 덧셈 연산을 연습하는 과정인데 이 과정이 어쩌나 즐겁고 신나는지 아이의 웃음이 끊이지 않았답니다. 아이는 하루에도 몇 번씩 컬링 놀이를 하자고 졸라댔고, 엄마가 같이 하지 못할 때는 형제 둘이서 컬링 놀이를 하며 시간을 보냈답니다.

아이들에게 수학은 재미있는 과목이고 놀이처럼 즐겁게 할 수 있다는 것을 경험시켜주세요. 어릴 때부터 부모님과 함께 놀면서 생긴 수학에 대한 호감은 훗날 아이들이 초등학교에 입학해서 만나는 수업 시간에 자신감으로 이어질 것입니다. 실제 초등학교 1학년 수학 교과서에 어려운 내용은 전혀 없기에 아이들이 즐거운 마음을 가지고 수학 과목을 접했으면 합니다.

당연한 이야기 같지만 중·고등학교에서도 수학을 잘하는 아이들의 가장 큰 특징은 수학을 좋아한다는 것입니다. 연산 학습지의 뻔한 패턴 드릴 덧셈 대신 아이도 엄마도 즐거운 연산 놀이, 병뚜껑 컬링 게임 한판 어떤가요?

곱셈 땅따먹기 곱곱커스

"은택아, 엄마랑 땅따먹기 게임 하자."

"땅따먹기가 뭐예요? 그런 게임 처음 들어봐요. 궁금한데 같이 해요, 엄마!"

"곱셈을 이용해서 땅을 차지하는 게임인데, 마지막에 땅을 더 많이 차지한 사람이 이기는 거야."

은택이와 구체물을 이용하여 묶어 세기 놀이를 한창 하던 무렵에 구구단 노출을 위해 만든 게임이랍니다. 종이, 색이 다른 색연필 두 자루, 1에서 9까지의 숫자 카드가 필요합니다.

초등학교 2학년 1학기 수학에 '곱셈'이 등장합니다. 곱셈 하면 무슨 생각이 나시나요? 저의 초등학교 2학년 때를 돌이켜보면 당시 할아버지뻘이었던 담임 선생님이 반 아이들을 한 명씩 칠판 앞에 불러 세워 구구단을 외우게 했던 게 기억이 납니다. 자동 반사적으로 구구단을 줄줄이 외워야 통과되는 엄청나게 무서운 테스트였지요. 제대로 외우지 못하면 방과 후에 나머지 공부를 시키셨고요. 그런데 중요한 것은 초등학교 2학년 때의 저처럼 구구단을 암기하는 것 이전에, 곱셈의 의미와 개념을 완전히 학습해야 한다는 것입니다. 2학년 1학기에 배운 곱셈의 개념을 이용해서 2학기에 곱셈구구를 배우며 구구단을 익히고, 이후 3학년부터는 자릿수가 늘어난 곱셈의 연산을 배우게 됩니다.

곱셈은 같은 수(동수)의 반복적인 덧셈(누가)입니다. 아직 초등학교 2학년이 되지 않은 아이에게 구구단을 외우게 하기보다는 앞에서 소개했던 바둑돌을 이용한 묶어 세기 놀이처럼 구체물을 이용하여 '뛰어 세기, 묶어 세기, 동수 누가'의 방법으로 곱셈의 의미를 이해하게 하는 데 초점을 두세요. 놀이로 원리를 익힌 아이에게 구구단은 정복의 대상이 아니라 자연스럽게 터득하는 배움의 기쁨을 안겨줄 것입니다.

저 역시 아이가 구구단을 완벽히 외우지는 못했지만 같은 수의 덧셈이 곱셈이라는 원리를 알고 있는 상태에서 이 땅따먹기 게임을 진행했습니다.

방식은 간단합니다. 먼저 가위바위보로 순서를 정합니다. 그 순서대로 돌아가며 카드 두 장을 뽑아요. 숫자 카드 중 3과 4가 나오면 가로로 3, 세로로 4(3×4)만큼의 땅을 종이에 색칠합니다. 다음번 내 차례에서는 기존에 내가 색칠해둔 땅의 꼭짓점에서만 새롭게 색칠을 시작할 수 있어요. 만약 숫자 카드를 뽑아 곱셈을 했을 때 색칠할 수 있는 칸보다 더 큰 수가 나와서 꼭짓점에서 시작하지 못하면 기회가 박탈됩니다. 최종적으로 두 명 모두 더 색칠할 땅이 없으면 게임이 끝난답니다. 승패를 가르기 위해 정산할 때는 곱셈식을 쓰고 각자 자기의 땅 넓이를 계산합니다. 자연스럽게 곱셈과 덧셈을 연습하는 기회가 된답니다.

게임을 하는 동안 아이의 표정을 관찰해보세요. 너무 신나 보이죠? 수학 공부를 하는 건지 게임을 하는 건지 모르게 시간이 훌쩍 흘러갈 거예요.

"엄마, 이거 '블로커스' 게임이랑 비슷한 느낌이에요. 이름을 '곱셈 땅따먹기'가 아니라 '곱곱커스'로 바꿔요!" 이렇게 해서 은택이의 재치로 탄생한 이 게임 이름이 곱곱커스입니다.

아이에게 구구단 암기부터 시키지 마시고 아이가 재미있게 수학 개념을 만들어갈 수 있게 도와주세요. 구구단을 외우기는 해야 해요. 매번 묶어 세고, 뛰어 세며 같은 수를 더하고 있다가는 정작 수학 문제 풀이는 시작도 못하고 시간을 다 써버릴 테니까요. 그렇다고 굳이 유치원생 아이들에게 외우게 하는 것이 필요하다고 보지는 않아요(아이가 좋아서 한다면 굳이 말릴 이유가 없겠지만요). 학습에는 순서가 있으니까요. 아이와 함께 게임을 하면서 구구단을 자연스럽게 노출하고 아이 스스로 구구단을 외워야 할 필요성을 깨닫게 해준다면, 엄마가 외우지 말라고 해도 아이가 외우는 모습을 보게 되실 거예요. 게임에서 이기려면 구구단을 잘 활용해야 하거든요.

부록

초등 1, 2학년 수학과 이렇게 연결돼요

	1-1	1-2	2-1	2-2
달걀판과 바둑돌을 이용한 수 놀이	1. 9까지의 수 3. 덧셈과 뺄셈			
짝꿍은 어디 있을까요?		1. 100까지의 수		
어느 것이 더 길까요?	4. 비교하기			
바둑돌 묶어 세기 놀이	5. 50까지의 수		6. 곱셈	
병뚜껑 컬링 덧셈 놀이	3. 덧셈과 뺄셈	2. 덧셈과 뺄셈(1) 4. 덧셈과 뺄셈(2) 6. 덧셈과 뺄셈(3)		
곱셈 땅따먹기 곱곱커스			6. 곱셈	2. 곱셈구구

부록

수학 공부에 도움이 되는
유·초등 저학년용 보드게임

(1) I Sea Ten

가르기와 모으기, 10의 보수 익히기에 좋은 게임입니다. 카드를 뒤집어서 나온 수 중에 더해서 10이 되는 경우가 보이면 "I see 10(아이시텐)!"이라고 외치고 카드를 가져갑니다.

(2) 블로커스

자신이 놓아둔 도형과 꼭짓점이 맞닿게 해서 다음 도형을 놓아야 한다는 하나의 규칙을 가지고 게임 판에 도형을 배치하며 무한한 전략을 만들어낼 수 있습니다.

(3) 우봉고

'펜토미노'의 보드게임 버전으로, 제한된 시간 안에 평면도형을 돌려가며 주어진 칸을 채우는 게임입니다.

④ 셈셈 시리즈

셈셈 수 놀이는 수와 양의 일치, 수의 순서, 수의 크기 비교, 가르기와 모으기, 덧셈과 뺄셈을 고루 익힐 수 있는 게임입니다. 셈셈 피자가게는 덧셈과 뺄셈을 이용해 피자를 만들고 3판을 먼저 만드는 사람이 이기는 게임입니다. 아이들 수준에 맞게 숫자 판을 20까지, 혹은 100까지 맞출 수 있어요. 셈셈 테니스는 실제 테니스 게임처럼 곱셈을 이용해 공을 넘기고 수비하는 게임입니다.

Chapter ── 5

현명하고 똑똑하게,
엄마표 유튜브 놀이

아직도 죄책감에 시달리세요?

중요한 건 올바른 소신과 좋은 안목입니다

1980~1994년생을 일컫는 'M(밀레니얼millennial)세대'들이 부모가 되어 아이를 낳고, 그 자녀들이 자라고 있습니다. 이들은 디지털 환경에서 태어나고 자라 디지털 언어를 자유롭게 사용하며 스마트폰이 익숙하다 못해 스마트폰을 여섯 번째 감각으로 쓴다고 하는 디지털 네이티브Digital Native 세대, 곧 디지털 원주민입니다. 이런 아이들과 그 부모들이 모두 SNS 사용과 유튜브 감상을 즐겨 하는 것은 어찌 보면 당연한 모습이지요.

세계보건기구WHO의 2019년 발표 자료를 보면 2살까지 TV, 비디오, 컴퓨터 게임 등의 미디어 노출을 권장하지 않으며, 3살부터는 노출 시간이 최대 1시간을 넘지 않는 것이 좋다고 경고합니다. 부모와의 상호작용이 무엇보다 중요한 영유아기에 스마트 기기에 얼마나 노출시킬 것인가에 대해서는 부모의 소신과 의지가 필요한 부분이라고 생각합니다.

전문가들은 매우 어린 시기에 스마트폰이나 영상 기기에 노출되면 뇌 발달과 언어 발달에 치명적이라고 이야기합니다. 저 역시 그 의견에 동의했기에 두 아이를 키우며 최대한 늦게 영상에 노출시키려 했고, 아이들은 5살, 3살 때 엄마표 영어를 시작하며 영어 영상을 처음 접했습니다. 아이가 주 양육자와의 상호작용을 통해 언어, 사회성, 관계 등을 배워가는 것을 더 중요시했고, 제 성향상 시끄러운 것을 싫어하기도 했기에 가능한 일이었다고 봅니다.

하지만 코로나로 인한 최근 수년간, 엄마와 아이가 집에 머무는 시간이 대폭 늘고 엄마들은 스마트 기기를 육아의 도우미로 사용하고 있는 것이 현실입니다. 아이들이 기관에 나가 또래와 시간을 보낼 수도, 그렇다고 마음껏 외출할 수도 없는 상황에서 엄마가 하루 종일 아이를 돌보고 집안일을 한다는 것은 격무에 가깝다는 것을 저도 경험해보았기에 충분히 이해가 됩니다.

미디어 기기 노출의 큰 문제점이 바로 일방적인 전달로 아이가 시청각적 자극만을 수동적으로 받아들이게 되기 때문에 언어 발달에 부정적이라는 점입니다. 하지만 좋은 콘텐츠를 부모가 아이와 함께 시청한 후 대화를 나눌 수 있다면, 부모와 아이 간 상호작용 부재 및 아이의 언어 발달에 대한 염려는 내려놓아도 좋지 않을까요?

실속 있는 책 육아도 할 수 있습니다

저는 아이들의 영아기에는 스마트 기기를 전혀 보여주지 않았지만, 지금은 유튜브의 좋은 콘텐츠들을 자주 아이들과 함께 시청한답니다. 언어에 구애받지 않고 영상을 영어로도 보고 한국어로도 보면서 이야기를 나누고 있어요. 제가 과학 수업 시간에 활용했던 영상을 아이들에게 보여주고 대화를 나누거나, 아이들과 책을 읽으며 질문을 주고받다가 궁금해진 내용을 그때그때 유튜브에서 찾아보고 함께 이야기를 나누기도 합니다. 제가 아이들과 직접 해보니, 책을 읽고 궁금한 것에 대해 다양한 영상을 찾아보며 대화를 나누는 것은 매우 간단하고 쉬우면서도 아이들의 생각 주머니를 넓혀주는 좋은 방법이랍니다.

'#책육아스타그램'이라는 해시태그가 일반적일 만큼 책 육아는 최근 몇 년간 아이를 키우는 부모들 사이에서 모르는 사람이 없을 정도입니다. 책 육아를 하면서 사진을 찍어 SNS에 업로드하는 분들을 많이 보았습니다. 아이들과 책을 읽는 일상을 기록하면서 꾸준히 해나갈 힘을 얻는다는 면은 긍정적입니다. 하지만 사진에 집착하다 보면 아이와의 소통이 빠진 채 주객이 전도된 책 육아를 하게 될 수도 있습니다. 모든 부모가 그렇지는 않겠지만 권수에 연연하며 아이에게 활자 읽어주기에 급급해하지 말고, 책을 읽은 후에 천천히 아이의 생각을 물어보고 대화를 해보시길 권합니다. 아이가 책을 읽고 어떤 생각이 들었는지, 어떤 장면이

제일 기억에 남는지 자신의 말로 표현해보게 해주세요. 아직은 어리다고만 생각했던 아이가 때로는 내가 생각하지도 못한 말을 해서 깜짝깜짝 놀라는 일이 많을 거예요.

놀이 속에서 미디어 사용 규칙을 만드세요

저는 학교에서 근무하다 보니 학부모님과 상담할 기회가 자주 있습니다. 학부모님들에게서 가장 많이 듣는 이야기가 "아이가 종일 방에서 스마트폰만 쳐다보고 있어요. 밤새 게임을 하는데, 못하게 해도 소용없어요. 어떻게 하면 좋을까요, 선생님?"입니다. 처음에는 굉장히 당황스러웠어요. 이것은 제삼자가 어떻게 해줄 수 있는 부분이 아니거든요. 부모님이 자녀와 함께 대화를 나누고 스마트폰을 어떤 식으로 사용할지 규칙을 정해 실천하는 과정에서 시행착오도 겪고 계속해서 소통하면서 각 가정에 맞는 방식을 찾아가야 하는 부분이라고 생각합니다. 5~10살 자녀를 둔 부모님이 지금 이 책을 읽고 계신다면, 아이들과 놀이를 통해 교감하고 미디어 사용 규칙을 함께 만들어갈 수 있는 좋은 시기라고 말씀드리고 싶습니다.

시대는 바뀌었고, 점점 더 빠른 속도로 변화되고 있습니다. TV보다는 페이스북, 인스타그램 같은 SNS와 유튜브 같은 디지털 플랫폼을 선호하는 아이들에게 스마트폰은 중독 이전에 의사소통의 새로운 도구이자 일상이 되어버렸습니다. 무조건 스마트 기기를 사용하지 말라는 이야기는 아이들에게 더 이상 통하지 않을 것입니다.

저희 집 또한 영상 사용 규칙을 만들어 지키고 있답니다. 저는 아이들에게 게임 영상이나 장난감 리뷰 영상은 보지 못하게 하지만, 교육적으로 도움이 될 만한 영상들은 허락합니다. 단, 엄마나 아빠가 있는 곳에서 함께 말이죠. 방에 들어가 부모의 눈을 피해서 보다가는 유튜브의 알고리즘 세계에 빠져들기 쉽고 끊기는 힘들다는 것을 알기에 꼭 거실에서, 저와 함께 보지 않더라도 제가 보는 앞에서 영상을 보게 합니다. 어른들도 유튜브를 시청하다 보면 1시간은 예사로 흘러가잖아요. 무조건적인 허용 또는 금지는 자제력과 판단력이 없는 어린아이들에게 교육적으로 위험하다는 생각이 큽니다. 아이들이 똑똑하게 미디어를 활용할 수 있도록, 어린 시절에는 부모님과 함께 규칙을 정해 시청하게 해주시길 바랍니다.

이번 장에서는 제가 아이들과 실제로 책을 읽고 유튜브 콘텐츠를 시청하며 대화를 나누었던 유튜브 놀이를 소개하려 합니다. 아이와의 상호작용도 놓치지 않고, 영상에서 다시 다른 책으로 옮겨가며 아이의 관심 영역을 확장시켜주고 몰입까지 이끌었던 경험들을 담았습니다.

이제 마음 한편에 남아 있는 죄책감은 버리고, 즐거운 유튜브 놀이의 세계로 들어가 아이의 생각 주머니를 넓히는 독서를 함께 해보세요. 한 권의 책으로 다양한 질문과 생각을 주고받으며 아이와 교감한 저의 경험담이 하나의 단서가 되어, 여러분도 아이와 여러분만의 재미있고 현명한 유튜브 놀이를 해나가실 수 있기를 바랍니다.

동물을 사랑한 침팬지 할머니

자녀들에게 책을 많이 읽어주시나요? 많은 육아서를 읽어보니 공통적으로 자녀에게 책을 많이 읽어주라고 하더군요. 말 잘 듣는 저 역시 그 조언대로 큰아이가 백일 되던 즈음부터 당시 유행하던 유아 전집을 들여 읽어주기 시작했습니다. 생각보다 아이는 책 읽어주는 엄마와의 시간을 좋아했고, 시간이 지나면서 책을 더 찾고 좋아하는 모습을 보였습니다. 돌이 막 지난 아이가 좋아하는 책을 꺼내들고는 혼자 소파에 앉아 책장을 넘겨가며 중얼중얼 읽는 모습은 사랑 그 자체였어요.

하지만 둘째가 태어나고는 책 육아에도 암흑기가 찾아왔습니다. 당시 매우 바빴던 남편은 육아에 큰 도움이 못 되었기에 오롯이 저 혼자 두 아이를 돌보는 날이 잦았습니다. 모유 수유하느라 잠도 부족하고, 예민했던 둘째는 안아야만 낮잠을 잤기 때문에 제 손목과 허리도 남아나질 않았습니다. 아이 둘을 키운다는 건 하나와는 완전히 다르다는 것을 절로 실감하게 되었습니다. 책이 뭔가요. 엄마도 살고 봐야 했기에 둘째가 어느 정도 크기 전까지 책은 사치처럼 느껴졌습니다. 큰아이는 혼자 책을 꺼내 보고 책장을 넘겨가며 세이펜으로 듣다가도 이내 "엄마가 읽어줘"하며 가져왔고, 그러면 저는 한쪽으로는 젖먹이 둘째를 끼고 수유를 하면서 다른 한쪽으로는 첫째를 앉히고 책 몇 권을 읽어주다 잠드는 일이 다반사였습니다.

그러다 둘째가 말귀를 알아듣고 육아가 조금은 수월해졌을 즈음, 큰아이가 예전만큼 책을 즐겨 읽지 않는다는 것을 알게 되었어요. 저는 그제야 자책하며 첫째와 둘째를 양옆에 끼고 소파에 앉아 날마다 책을 읽어주기 시작했답니다. 이때 저는 당시 유행하던 '책으로 하는 육아, 책을 많이 읽어주는 육아'를 추구했습니다. '오늘은 어제보다 한 권이라도 더 읽어줘야지!'라는 괜한 승부욕이 발동하기도 해서, 그날 읽은 책을 사진 찍어 책 육아 카페에 올리며 은근한 쾌감에 빠져 있기도 했어요. 하루에 20~30권, 한 달에 많게는 400권 이상의 책을 읽고 읽고 또 읽어주었습니다. 그러면서 아이들이 자연스럽게 책을 가까이하고 좋아하는 모습을 보았어요. 책을 놀잇감으로 여기게 된 아이들은 새로운 책이라도 중고로 사주는 날이면 모든 책을 다 훑어볼 때까지 그 자리에 앉아 책장을 넘기기를 반복했습니다.

아이들이 어릴 때는 그저 많은 책을 읽어주기에 열성을 다했다면, 요즘은 한 권을 여러 번 같이 읽고 확장해나가는 독서를 하는 편입니다. 독서를 놀이처럼 해온 아이들은 책을 읽고 대화하기를 즐겨 하고, 특히나 11살 첫째는 저에게 본인이 읽은 책을 추천해 줄 정도로 훌쩍 자랐답니다. 지금 돌이켜보면 '왜 그렇게 책의 권수에 집착했나' 싶을 때도 있습니다. 많은 책을 읽어주는 것도 좋지만 한 권을 읽더라도 아이와 함께 교감하고 대화하며 읽어준다면 아이에게 그보다 좋은 독서 습관을 길러주는 것은 없다고 봅니다. 엄마와의 대화와 교감 속에서 아이의 생각 주머니는 몰라보게 쑥쑥 자라나거든요.

둘째와 제인 구달Jane Goodall에 관한 그림책 《내 친구 제인》을 읽을 때였습니다. 평소 동물과 곤충을 좋아하는 아이는 제인 구달이 아프리카 곰베 국립공원에서 침팬지와 함께 생활하며 그들과 친구가 되어가는 모습이 매우 인상 깊었나 봐요. "엄마, 제인 구달 할머니는 침팬지와 어떻게 친구가 되었을까요? 동물과 진짜 친구가 될 수 있어요?" 아이의 물음에 저도 궁금해져 함께 유튜브에서 제인 구달에 관련된 동영상을 찾아보았어요.

영상 두 편의 내용은 윤택이와 함께 읽었던 그림책과 비슷해요. 1편은 닭이 알을 낳는 장면을 보겠다고 닭장에서 5시간을 웅크리고 있다가 가족이 실종신고를 했을 정도로 동물을 좋아했던 제인 구달의 어린 시절과, 아프리카로 떠나 탄자니아 곰베 지역에서 침팬지를 연구하는 이야기를 들려줍니다. 2편에서는 환경 운동가로 변신한 현재의 제인 구달 박사를 보여주어요. 영상을 보고 윤택이와 서로 인상 깊었던 장면에 대해서 이야기를 나누었답니다.

"책을 읽고 어떤 느낌(생각)이 들었어?"

"제인 구달 할머니가 침팬지를 지켜줘서 감사한 마음이 들었어요. 지난번에 본 오랑우탄 책에서 밀림이 파괴되고 있다고 했잖아요. 박사님이 환경 운동을 한다고 하시니 더 멋져 보이고 훌륭한 사람 같아요. 나도 환경을 보호해야겠어요."

책으로 본 내용이지만 스토리를 입힌 영상으로 접하니 6살 아이는 제인 구달 박사에 더 몰입하였고, 나뿐만 아니라 모두를 위해 환경을 보호해야 한다고 이야기를 할 정도였답니다. 유튜브 영상을 아이에게 일방적으로 보여주기만 하면, 아무리 좋은 콘텐츠라 한들 아이가 내용을 받아들이고 이해하는 정도는 미약할 것입니다. 짧은 영상이지만 부모님도 함께 보고 아이와 이야기를 나눈다면 대화의 소재를 얻을 수 있을 뿐 아니라 아이의 생각과 관심 분야를 확장시켜줄 수 있을 거예요.

며칠 후, 다시 같은 책을 읽어주니 윤택이는 제인 구달뿐 아니라 동물행동학자들에 관심을 보였습니다. 때마침 제가 중학교 과학 수업에서 활용했던 유튜브 영상 〈포스트 코로나, 뉴노멀을 말하다〉의 최재천, 제인 구달 편이 떠올라서 아이와 함께 시청했습니다. 6살 아이에게 조금 어려울 법한 내용은 중간중간 건너뛰며 아이에게 세계적인 두 석학의 대화를 들려주었습니다.

영상을 본 후에 "윤택아, 두 박사님은 나이와 국경을 넘어서 어떻게 친구가 됐을까?" 하고 물어보았어요. "엄마, 그건 두 사람이 모두 동물을 사랑하기 때문인 거 같아요. 나랑 지후도 좋아하는 놀이가 같아서 친구가 됐거든요. 제인 구달 박사님과 최재천 박사님은 동물을 사랑하는 마음이 같기 때문에 친구가 된 거예요." 6살 아이에게서 친구의 의미를 듣고 나니 저 역시 친구에 대해서 다시 생각해보게 되었답니다.

들어봤나요? 치키노사우르스를!

"과학은 세상을 보는 창!" 제가 아이들과 즐겨 보는 유튜브 과학 채널 '과학드림'의 마지막 인사 멘트입니다.

과학교육과를 졸업하고 월간 과학 잡지 《과학 소년》에서 10년 동안 기자 생활을 하신 김정훈 님이 퇴사 후 운영하는 채널이라 전문성 및 영상의 질이 매우 뛰어납니다. 생물 관련 과학 지식과 정보가 주를 이루고 특히 진화, 고생물학 관련 영상이 많이 있습니다. 특정 주제에 대해서 방대한 자료를 바탕으로 입체적으로 정리를 해주기 때문에 과학 교사인 제가 보아도 흥미롭고 설명이 깔끔해요. 그래서 제 과학 수업 시간에도 동기 유발 자료로 자주 활용하고, 집에서도 아이들과 함께 즐겨 봅니다.

아이들이 저와 함께 궁금한 내용을 유튜브에서 찾다가 영상을 본 것이 시작이었어요. 그 뒤로는 업로드 알람 설정을 해놓고 "엄마, 시작해요. 빨리 오세요!"를 외치는 '과학드림'의 진정한 팬덤 '드리미'의 모습을 보여주고 있답니다.

이 책을 쓰기로 하고서, 두 아들에게도 이야기하고 책의 목차를 정하며 대화를 나누었어요. "엄마가 쓰는 책에 과학드림 채널을 소개할까 하는데, 너희들이 재미있게 봤던 영상들을 뽑아줄래?" 제안했더니 아이들이 흔쾌히 예스를 외치고는 재미있는 영상들을 골라 왔어요. 그중 두 아들에게 가장 인기 있었던 영상이 바로 조회 수가 150만 회를 넘는 〈공룡이 멸종하지 않았다는 매우 과학적인 증거!〉랍니다.

여러 증거를 조목조목 대며 공룡이 멸종하지 않았다고 이야기하는 이 흥미로운 영상을 은택이와 윤택이랑 여러 번 시청했어요. 계통 분류학적으로 많은 근거를 들어 지금의 새가 공룡 그 자체라는 것을 설명해주는 영상의 마지막에서는 '치키노사우르스 CHICKEN-O-SAURUS 프로젝트'를 소개합니다.

"엄마! 그럼 우리가 먹는 치킨이 공룡이네요! 오 마이 갓! 우리가 공룡을 먹고 있었어." 치킨을 좋아하는 두 녀석은 호들갑을 떨며 난리가 났습니다. 공룡이 멸종하지 않았다는 증거도 신선했는데 우리가 먹는 치킨이 공룡이라니, 이 얼마나 아이들의 호기심을 자극하는 좋은 주제인가요?

어린아이들은 공룡을 꽤 좋아하잖아요. 그러다 관심이 사그라들면 더 이상 찾지 않게 되는 주제 중 하나가 공룡이에요. 우리 아이들이 어렸을 때 공룡 관련 책을 읽어주면서 보면, 공룡은 멸종했으며 그 이유가 무엇인지 설명해주는 책이 대부분이었어요. 공룡의 이름을 다 외우고 공룡이 멸종한 이유도 알고 나면 아이는 공룡에 대해서는 시들해지고 관심이 다른 분야로 옮겨갔지요. 그런데 공룡이 멸종하지 않았다니, 아이들의 흥미와 호기심은 한층 올라갔습니다. 이 영상은 아이들과 도서관에서 다시 공룡 관련 책들을 빌려다 보면서 대화를 나누는 계기가 되었어요.

그날도 우연히 도서관에 갔다가 서가에서 공룡 책을 발견한 은택이가 다급히 다가와 책을 보여주었습니다. "엄마, 이 책에 치키노사우르스 이야기가 똑같이 나와요. 여기에도 '새는 살아 있는 공룡'이라고 쓰여 있어요." 아는 만큼 보인다고 하죠. 저는 정말 아는 만큼 보이는 경험을 아이들을 통해서 하게 되었습니다. 《공룡아, 진실을 말해줘!》 책은 '과학드림' 영상과 마찬가지로 공룡에 대해 잘못 알려진 사실과 진실에 대해 이야기합니다. 이 책을 통해 공룡에 관한 새로운 증거가 발견되면서 사람들의 생각이 어떻게 변화하고 발전했는지 살펴보며 과학 지식이 만들어지는 과정을 알 수 있어요. '과학드림' 영상과 함께 이 책을 아이들과 읽어보면 대화의 소재가 풍부해질 거예요.

'치키노사우르스 프로젝트'에 관해서도 아이들과 함께 찾아봤어요. 이 프로젝트는 닭의 원시 유전자를 발현시켜 공룡을 만드는 것인데, 공룡의 주둥이와 이빨이 자라나게 하는 단계까지는 성공했다고 합니다. 하지만 유전자 조작이 생명 윤리적으로 옳지 않다는 문제 제기로 현재는 중단되었다고 해요. 결국 프로젝트가 중단되었다는 사실에 아이들이 매우 아쉬워했답니다. "영화 〈쥐라기 공원〉이 실제로 일어날 수 있었던 건데 아쉽다" "그럼 형이랑 내가 나중에 커서 해볼까?"라고 다소 엉뚱하게 대답한 윤택이의 말이 왜인지 농담처럼만 느껴지지는 않았어요. 정말 모르는 일이죠. 아이들이 커서 치키노사우르스를 완성시킬지도!

명왕성을 사랑한 아이

은택이가 우주에 푹 빠졌던 시기가 있었어요. 도서관에 가면 우주에 관한 책만 빌려오고, 엄마와 동생에게 태양계 행성과 우주에 있는 생소한 소행성들의 이름까지 외워가며 알려주기 바빴지요. 마침 엄마표 영어를 시작한 지 얼마 되지 않았을 때라, 제가 유튜브에서 영어로 우주 관련 채널들을 검색해서 아이에게 영어 노래를 들려주었어요.

KLT Kids Learning Tube 채널은 천문학, 지구과학, 지리학 등의 주제를 아이들 눈높이에 맞게 노래와 애니메이션으로 표현한 영상이 많아 그 당시 자주 시청했습니다. 아이들끼리 보기에도 적당한 수준의 영상이었기 때문에 제가 집안일을 하는 동안 아이들에게 틀어준 적도 많았어요.

"엄마, 'Super Saturn'이라고 들어보셨어요?" 아이는 노래를 들으며 새로 알게 된 것들을 저에게 오히려 설명해주었고, 저는 옆에서 빨래를 개며 그 설명을 들어주기만 했답니다.

플레이도로 각 행성들의 특징을 살린 태양계를 만들어 집 한쪽에 전시해놓기도 했어요. 윤택이가 3살 정도 되었을 때였는데, 형을 따라 귀동냥으로 들은 게 많아서인지 어느 날은 원반던지기에 쓰는 고리를 축구공에 끼우더니 "엄마, 토성! 토성! 형, 토성! 토성!" 하며 직접 만든 토성을 들고 다니며 놀았답니다.

제가 과학 교사이기는 하지만 아이들이 제 전공이 아닌 영역에 대해 질문하면 아이들의 눈높이에 맞춰 쉽고 정확하게 대답해주기 힘들었어요. 예상치 못한 질문은 늘 저를 당황하게 했고요. 아이들이 끊임없이 질문하던 시절이라, 질문의 깊이가 날로 깊어질수록 대답하기가 벅찼습니다. 그래서 저는 아이들과 함께 유튜브에서 '허블 망원경, 우주왕복선, 우주정거장' 등을 검색해서 영상을 함께 시청했어요. 영상을 통해 궁금증이 해소되는 날도 있고, 다른 질문이 생겨나는 날도 있어 영상을 보고 난 후에도 인터넷 검색을 하고 책을 찾아보며 한참 동안 대화를 했어요.

아이가 관심을 보이는 분야가 있다면 부모님이 함께 찾아보고 이야기를 들어주는 것만으로도 아이의 관심과 흥미는 유지됩니다. "이따가 찾아보자. 엄마 바쁘니까 저쪽 가서 놀아. 다음에 얘기해"라는 말 대신 "그래, 같이 찾아보자. 어떻게 그런 생각을 했어?"라는 말이면 충분하거든요. 아이는 엄마와 그 순간을 함께 하는 것만으로도 행복감을 느끼고, 동기는 사라지지 않고 유지됩니다.

　아이와의 '지금' 이 시간을 소중히 보내세요. 저 또한 지나고 보니 아쉬움이 들기도 해요. 밤에 잠든 아이의 얼굴을 바라보며 '그때 그렇게 말하지 않았으면 좋았을걸' 후회하는 것보다는 지금을 함께하는 것이 훨씬 쉬운 방법이랍니다.

　"엄마, 다른 행성들은 모두 '성'으로 끝나는데 왜 지구는 아니에요?" 은택이의 질문이 신선했습니다. 너무나 당연하게 생각하고 암기하기 바빴던 행성 이름이었고, 심지어 당시 제가 중학교 3학년 학생들을 데리고 태양계 수업을 했을 때도 이런 질문을 한 학생은 단 한 명도 없었거든요. 아이의 궁금증이 저에게도 전달되어 함께 구글 검색을 시작했습니다. 아이가 7살이 되니 아이패드로 궁금한 것들을 제법 찾아볼 줄 알아서, 아이는 아이패드로 저는 노트북으로 찾아보았어요.

　함께 찾아본 신문 기사를 통해 서양에서 부르는 태양계 행성 이름들은 거의 그리스 로마 신화에서 따온 것이라는 사실을 알게 된 아이는 "엄마, 그리스 로마 신화 책 빌리러 가요"라며 부탁을 했습니다. 그리스 로마 신화를 다룬 책들을 보면 그림이나 내용이 선정적이고 자극적인 경우가 많았기에, 저는 유치원생이었던 아이들에게 일찍부터 읽어주거나 하지 않았어요. 하지만 아이가 기사를 읽고는 책을 찾아보고 싶어 했기에 주말에 같이 도서관에 갔습니다. 서가에서 이것저것 함께 살펴보고 아이들 수준에 맞는 전집을 빌려와서 매일 아이들에게 그리스 로마 신화만 몇 번이고 읽어주는 날을 보냈습니다. 주말에 빌려온 책을 그 자리에서 몇 번씩 읽고서도 뒷이야기가 궁금했던 아이들의 성화에 못 이겨, 제가 퇴근하고 도서관에 들러 수레 한가득 책을 빌려오고 반납해가며 한동안 그리스 로마 신화에 빠져 살았답니다. 《올림포스 가디언》이라는 전집은 권수도 많고 한 권당 두께도 상당했는데, 퇴근 후 매일 밤마다 그 책을 아이들에게 읽어주다 보면 어느새 깜빡 졸 때도 많았어요. 그때마다 아이들은 엄마를 흔들어 깨우고는 "한 권만 더 읽고 자요"를 반복하며 지적 호기심을 채워나가기 바빴지요.

태양계에 빠져 지내다 보니 제가 'Solar Walk'라는 앱으로 진행한 과학 수업이 생각났어요. 이 앱은 유저가 직접 시뮬레이션을 하며 태양계 행성을 볼 수 있어 제가 수업 시간에 종종 사용한답니다. 스마트폰에 앱을 설치하고 두 아이와 함께 태양계 행성, 달, 인공위성, 우주에서 찍은 사진 등을 관찰했어요. 유튜브에서 보는 것과는 또 다른 생동감을 느낄 수 있어 아이들의 호기심을 충족시키기에 안성맞춤이었답니다. 우주와 태양계에 관심 있는 아이들이라면 무료 버전을 사용해서 시간을 보내보세요. 아이가 호기심에 반짝이는 눈으로 즐겁게 몰입하는 모습을 보실 수 있을 겁니다.

태양계 행성을 직접 만들어보고 싶다는 아이들의 성화에 스티로폼 공을 이용해서 태양계 행성을 만든 날이었어요.

"엄마, 우주에서 가장 큰 하트가 어디 있는 줄 아세요?"

"글쎄, 우주에서 가장 큰 하트가 어디 있을까? 엄마 마음?"

엉뚱한 대답에 아이들은 웃음을 터트렸답니다.

"엄마, 명왕성에 하트 그림이 있어요. 우주에서 가장 큰 하트가 명왕성에 있어요!"

"정말이야? 엄마는 처음 들어보는데? 어디서 봤어?"

엄마가 모른다는 말에 신이 난 은택이가 유튜브의 영상 하나를 보여주었습니다. 〈명왕성이 행성 지위를 박탈당한 이유〉라는 제목에 관심이 가 시청하게 되었다고 하더군요.

북툰 님의 과학 다큐 영상에서는 명왕성의 지위가 박탈된 이유를 자세하게 설명해줍니다. 아이들이 이전에도 몇 번 "엄마, 명왕성은 왜 더 이상 태양계 행성이 아니에요?"라고 물었을 때 설명을 해주기는 했지만 아이들이 이해하고 받아들이는 것 같진 않았어요. 이 영상을 본 후 아이들의 이해도가 높아졌고, 하트 그림이라는 새로운 사실도 알게 되는 모습을 지켜보니 유튜브 활용에 대해 더 긍정적으로 생각하게 되었답니다.

무시무시한 폭탄먼지벌레

아이들과 종종 서점에 갑니다. 함께 서점에 가는 날이면 아이들이 원하는 책을 한 권씩 사게 해줍니다. 아이들은 충분히 둘러보고 마음에 드는 책 중에서 딱 한 권만 고르고 골라 옵니다. 이렇게 사온 책은 스스로 골랐기 때문에 아이가 더 애착을 갖고 자주 꺼내어 본답니다.

그날도 가족 모두 서점에서 각자의 책을 고르고 있었는데, 윤택이가 "엄마, 저는 이 책 사주세요!" 외치며 커다란 책을 꼭 붙잡고 오는 겁니다. 그 모습이 어찌나 사랑스럽던지요. 6살 아이가 자기 몸만 한 백과사전을 들고 와서는 이거 아니면 절대 안 된다는데 당해낼 수가 없었습니다. 《진짜 진짜 재밌는 곤충 그림책》은 22권으로 된 지식 백과 중 한 권으로, 당시 곤충을 좋아해서 매일 곤충 그림을 그리고 오려서 장난감처럼 만들어 놀던 윤택이의 '취향 저격' 책이었지요.

그날 이후 저는 또 매일같이 퇴근하고서 두 녀석을 옆에 끼고 앉아 곤충 백과사전을 읽어주는, 낭독 노동의 길을 걸었습니다. 벌을 좋아했던 윤택이는 벌의 이름과 특징들을 자연스럽게 암기하면서 책에 푹 빠져 있다가, '폭탄먼지벌레'가 나오니 난리가 났습니다. 저녁 준비를 하는 엄마 옆에서 책을 읽고 있던 아이가 큰 소리로 외치는 겁니다.

"엄마, 폭탄먼지벌레는 정말 엄청나요! 꽁무니에 있는 구멍에서 폭탄이 터지는 것처럼 큰 소리가 나면서 화학물질을 내뿜는대요."

밥하다 말고 순간, 중학교 3학년 과학 수업 시간에 '산화 환원' 단원을 가르치면서 화학반응의 예로 학생들에게 보여준 영상이 번뜩 생각났어요. 〈1초 동안 500발 발사! 뜨거운 따발총 무기를 가진 폭탄먼지벌레〉라는 제목의 내셔널지오그래픽 영상인데 정말 엄청납니다. 중학교 3학년 학생들도 신기하다는 눈으로 보던 것이니 어린아이들의 눈에는 얼마나 신기했을까요. 그 자리에서 아마 열 번은 다시 본 것 같아요.

"엄마, 화학물질이랑 화학반응이 뭐예요? 둘이 어떤 점이 달라요?" "끓는점이라는 게 무슨 뜻이에요?" "폭탄먼지벌레는 왜 이런 무기를 갖게 되었을까요?" 영상을 보고 나서는 아이들의 질문이 쏟아졌습니다.

"우리가 지난번에 베이킹 소다에 식초를 부어서 화산 폭발 놀이를 했잖아. 식초랑 베이킹 소다를 화학물질이라고 하는데, 서로 다른 두 물질이 만나서 반응을 하고 다른 물질로 변화하는 과정을 화학반응이라고 해. 그때 어떤 이유로 부글부글 끓는다고 했지?"

"이산화탄소가 생겨서 그렇게 되었어요."

"맞아, 이산화탄소가 생긴 거라고 했지. 식초랑 베이킹 소다를 섞었는데 전혀 다른 이산화탄소라는 물질이 생겼잖아. 이런 것이 화학반응이야."

예전 경험을 바탕으로 이야기해주었더니 아이들은 이해한 듯 만족한 표정을 지었답니다.

《진짜 진짜 재밌는 곤충 그림책》에 갑옷땅여치도 나오는데, 이 부분을 읽고 〈갑옷을 입은 무시무시한 귀뚜라미, 아머드그라운드크리켓을 아시나요?〉라는 영상을 아이들과 함께 보는 것도 좋답니다. 생긴 것만큼 무시무시한 갑옷땅여치와 아기 새를 지키기 위한 어미 새의 눈물겨운 사투를 보고 나면 아이와 대화할 거리가 많이 생길 거예요. 저와 아이들은 자연에서 일어나는 먹고 먹히는 관계에까지 대화가 확장되어서 먹이사슬에 관한 책 중 하나인 《파란 파리를 먹었어》를 찾아 함께 읽었어요(157쪽 참조).

곤충에 대해서 궁금한 게 더 생긴 은택이는 집에 있는 '브리태니커 비주얼 사이언스 백과' 시리즈 도서를 꺼내놓고는 탐독을 시작했습니다. 《무척추동물》책에 '곤충'이 있는 것을 보고는 "'없을 무無'니깐 척추가 없는 동물이라는 거네요. 곤충은 척추가 없네요" 하는 것을 시작으로 곤충의 생활사, 곤충이 지구에서 가장 번성할 수 있었던 이유, 곤충마다 다리 모양과 입 모양이 다른 이유 등 백과사전에 나오는 세세한 내용을 읽고 동생에게 이야기해주었어요.

《독서 교육, 어떻게 할까?》에서는 지식 정보 책을 주로 읽는 아이들을 '인포 키즈'라고 이야기합니다. 이들은 하나의 주제를 깊이 파고드는 경향이 있는데, 부모와 교사는 이를 가치 있게 여겨주고 아이가 관심을 보이는 주제에 대해 폭넓고 다양한 자료를 같이 찾아보거나 소개하라고 합니다. 저도 그랬듯이 엄마들은 별게 다 걱정이지요. "우리 애는 왜 다양한 책을 읽지 않지?" "왜 맨날 똑같은 책만 보지?" 하지만 하나의 주제를 깊이 파고드는 '인포 키즈'에게 맨날 똑같은 책만 보고 다양한 책을 읽지 않는 것은 크게 문제가 되지 않습니다. 오히려 아이의 특성에 맞는 즐거운 독서 경험이 될 수 있으니까요.

특히 유아기에 몰입을 경험하는 것이 이후 완전 학습에 큰 토대가 되는데, 몰입이란 엄마가 억지로 시킬 수는 없는 노릇이지만 옆에서 적절한 환경을 제공해준다면 아이 스스로 충분히 경험할 수 있다는 것을 저는 몸소 터득했습니다. 아이들이 좋아하고 관심 있어하는 주제를 놓치지 않고 기억해두었다가, 다양한 자료를 함께 찾아보는 것부터 시작해보세요. 윤택이가 곤충에 관심을 보였을 때 저는 곤충에 관한 그림책을 함께 읽고 영상을 찾아보고, 당시 집 근처에 있었던 곤충 박물관에도 함께 가서 더 많은 곤충을 직접 보고 체험하도록 해주었어요. 관심사에 대해 더 깊게 들어갈 수 있는 자료와 시간을 제공해주었더니 아이는 스스로 궁금증을 해소하기 위해 더 파고드는 모습, 몰입하는 모습을 보여주었답니다. 오늘부터 우리 아이가 무엇을 좋아하고 관심 있어하는지 살펴보는 시간을 가져보세요.

사라지고 있는 동물들

   중학교 1학년 과학 '생물 다양성과 멸종 위기종' 수업을 위해 자료 조사 및 수업 연구를 하던 때였습니다. 학생들에게 멸종 이야기를 들려주려고 퇴근길에 도서관에 들러 책 몇 권을 빌려왔습니다. 집에 와 책 수레에서 책을 꺼내놓기 바쁘게 은택이와 윤택이가 《이유가 있어서 멸종했습니다》 책을 집어들었습니다. "엄마, 이 책 재미있어 보이는데 빨리 읽어주세요." 저는 옷도 갈아입지 않은 채로 소파에 앉아 아이들에게 책을 읽어주기 시작했습니다. 도서관에서 혼자 훑어볼 때와는 또 다른 느낌에, 무엇보다 멸종을 다루면서 재미와 깊이를 모두 갖춘 책이라 마음에 들었습니다. 아이들도 흥미로운 책에서 눈과 귀를 떼지 못하고 제게 "한 편만 더요" 부탁하다 결국 대출해온 그날 저녁에 책 한 권을 다 읽었답니다. 그리고 나서 제가 수업 시간에 학생들에게 읽어줄 만한 내용 몇 편을 고르고 있는데 두 녀석이 부탁하더군요. "엄마, 그 책 사주세요. 책이 너무 재미있어서 집에 놓고 계속 보고 싶어요."

집에 책이 많아 당분간은 도서관을 이용하기로 마음을 먹은 후로, 도서관에 갈 때마다 가족회원권을 이용해 책을 40권씩 대출해 책 수레에 싣고 낑낑거리며 돌아옵니다. 그렇게 책을 읽다가 아이들이 원하는 책이 있으면 계속 볼 책들 위주로 사준답니다. 아이들의 말에 이 책을 검색해보다 후속편《또 이유가 있어서 멸종했습니다》도 출간된 것을 보고, 두 권을 같이 구입했습니다. 책이 배송된 이후 저녁마다 아이들에게 같은 책을 몇 번씩 읽어주었어요. 2020년에 구입한 책 두 권이 현재까지도 저희 집 베스트셀러랍니다. 아이들이 어찌나 꺼내서 읽었는지 책 기둥과 모서리가 닳았을 정도예요.

저는 평소 과학 수업 시간에 종종 JTBC 프로그램인 〈차이나는 클라스〉의 영상을 다운로드 후 편집해서 활용합니다. 이정모 관장이 출연한 '멸종' 편을 수업에 사용하려고 주말 아침에 편집을 하고 있으니 어깨 너머로 궁금해하는 아이들의 시선이 느껴졌습니다. "엄마, 뭐 하세요? 영상 재미있어 보이는데 우리도 같이 봐요." 아이들의 성화에 결국 함께 앉아 영상을 보고 대화를 나누었어요.

이렇게 책으로 시작된 멸종에 대한 관심이 아이들을 멸종, 지구의 역사에 빠져들게 만들었습니다. 역시나 빼놓고 이야기할 수 없는 유튜브 채널 '과학드림'에 멸종과 관련한 흥미로운 영상이 많습니다. 은택이에게 추천할 만한 영상이 있는지 물어봤더니 "과학드림 채널을 엄마 책에 소개하실 거면 삼엽충, 캄브리아기 대폭발, 치키노사우르스는 꼭 넣어주세요" 하고 신신당부를 하네요.

과학드림 영상이 업로드되는 날이면 식탁에 노트북을 켜놓고 셋이서 옹기종기 모여 앉아 간식을 먹으며 영상을 본답니다. 과학 교사인 제가 보아도 어려운 내용을 다양한 자료를 바탕으로 재미있고 알기 쉽게 설명해주기 때문에, 아이들과 함께 보는 것만으로도 충분합니다. 영상을 보고 난 후, 엄마가 시키지도 않았는데 당시 1학년이었던 은택이가 스스로 영상의 내용을 꾹꾹 눌러 담은 일기를 써왔답니다.

우리도 학창 시절에 방을 청소하려고 마음먹었는데 엄마가 벌컥 문 열고 "방 꼴이 이게 뭐야? 청소 좀 해!"라고 윽박지르면 청소하고 싶은 마음이 싹 사라지는 경험, 해봤잖아요. 아이의 자발성을 키워주고 싶다면 어른의 시선과 말투는 걷어내고 아이가 즐겁게 할 수 있도록 기회를 주세요. 자발성을 발판으로 아이의 몰입까지 자라납니다. 누구나 즐거워서 스스로 하는 일에 빠져들게 마련이니까요.

저는 영상을 보는 것에서 끝내지 않고 아이의 흥미와 호기심이 계속 확장되어나가도록 신경을 썼어요. 대부분은 내용을 다시 한번 정리하고 조리 있게 말하는 것만으로도 충분했기 때문에, 같이 앉아서 영상을 보고 이야기를 나누었답니다. 그림 그리는 것을 좋아하는 윤택이는 영상이나 책을 보고 나면 본인만의 생각을 곁들인 그림을 그려서 엄마와 아빠에게 설명해준답니다. 이렇게 그림 그리는 것을 좋아하는 아이들은 영상을 보고 그림을 그려보고, 글을 쓸 줄 아는 친구들이라면 인상 깊었던 장면이나 단어를 넣어 짧은 글을 써보는 것도 좋은 방법이 될 수 있어요.

　제 교직 경험에 비추어보면 부모와 자녀의 대화가 청소년 시기까지 끊이지 않은 가정의 학생들은 대체로 사춘기를 순탄하게 넘어갑니다. 부모님이 읽는 책을 함께 읽고 책으로 대화를 나누는 가정도 있고, 그 무섭다는 '중2' 시절에도 부모님과 시시콜콜한 이야기까지 다 하는 학생들도 있답니다. 저도 학부모님과 상담을 할 때 "자녀와의 대화가 중요합니다. 자녀와 소통하세요"라는 이야기를 자주 해드리지만, 바쁜 생활과 더불어 미디어 기기의 증가로 가족 간에 서로 얼굴을 마주하고 대화를 나눌 시간이 점점 줄어드는 것이 현실입니다. 자녀와 잘 소통하기 위해서는 아이의 말을 귀담아 들어주고 눈을 맞추고 대화를 하는 것이 우선이라고 생각합니다. 소통의 한 방법으로, 일방적인 영상 시청이 아니라 부모와 아이가 함께 하는 영상 시청을 통해 즐거움과 교감이 있는 대화를 시작해보세요.

　다양한 방법으로 아이들의 생각을 들어주면 대화의 양은 물론 질도 함께 높아집니다. 무엇보다 '내가 무엇을 좋아하는지 우리 엄마는 다 알고 있어. 엄마랑 함께 보고 이야기 나누니 더 재밌는

데'라는 긍정적인 생각이 아이들 마음에 자리 잡게 됩니다. 이렇게 유아기부터 지속적으로 부모와 자녀가 대화를 이어나간다면 '중2병'도 무섭지 않을 것입니다.

종이접기도 유튜브가 최고

초등학교 입학 전후로 두 아이는 종이접기 세계에 빠져들었어요. 은택이가 4~5살 때부터 무언가를 끊임없이 접기 시작하더니, 6살 무렵 미니카 종이접기를 시작으로 '네모아저씨'의 페이퍼 블레이드 접기, '페이퍼빌드'의 종이 로봇 접기, 각종 페이퍼 크래프트를 즐겨 하고 있습니다. 그것을 곁에서 지켜본 윤택이도 역시나 형이 해왔던 대로 유치원 시기부터 종이접기를 시작하며 각종 페이퍼 크래프트에 빠져 있답니다.

어느 날 유치원에 다녀온 은택이가 그러더군요. "엄마, 오늘 친구랑 종이로 미니카를 접어서 멀리 보내기 시합했는데 너무 재미있었어요. 친구한테 미니카 접기를 배워서 저도 접어봤어요." 아이는 직접 만든 종이 자동차로 친구들과 시합한 경험이 즐거웠나 봐요. 저와 함께 도서관에 간 날, 종이접기 코너에서 한참을 서성이며 책을 이것저것 펼쳐놓고 고르고 골라 몇 권을 빌려와서는 미니카 접기 삼매경에 빠졌답니다. 엄마는 색종이만 사주면 되었고, 은택이는 하원 후 밥 먹고 잠자는 시간 빼고는 한동안 종이접기에만 몰두했습니다.

아이들이 종이접기를 하고 나면 처치 곤란한 색종이 작품이 금세 쌓이는데 이것들을 버리지도 못하게 해서, 처음에 저는 종이접기가 달갑지만은 않았어요. 그런데 어린 나이의 아이들이 앉아서 1~2시간을 종이접기에 열중하는 것을 보고 마음이 바뀌었답니다. 그래서 아이들이 갖고 싶다는 종이접기 책도 사주고, 유튜브에서 종이접기 채널도 같이 검색해보고 색종이도 잔뜩 사두었습니다.

종이접기는 평면의 색종이를 이용해서 입체적인 작품을 만들어냅니다. 접기 순서를 생각하고, 실행하고, 완성하는 과정에서 아이들의 인지력과 이해력이 높아집니다. 종이접기를 통해 아이들은 생각하는 힘을 기를 수 있고, 종이를 접을 때 사용하는 소근육이 발달하며 이것이 두뇌 발달을 촉진합니다. 무엇보다 앉아 있는 힘! 집중력과 지구력, 작품을 만들어낼 때마다 느끼는 성취감은 아이들에게 무엇과도 바꿀 수 없는 귀한 자산이 될 거예요.

미국의 유명한 종이접기 작가이자 수학 교사인 존 몬트롤John montroll은 로버트 J. 랭Robert J. Lang과 더불어 수학적인 종이접기 연구계의 양대 산맥입니다. 이 두 작가의 작품이 담긴 책을 접하면서 아이들은 자연스럽게 종이접기가 수학을 기반으로 한다는 것을 이해하게 되었고, 종이접기를 하면서 대칭을 익히고 공간지각력, 수학적 사고력도 키우고 있답니다.

엄마들은 종이접기 후 '예쁜 쓰레기'가 생기는 것을 달가워하지 않지만, 아이가 가지고 놀 수 있는 완성품이 되는 종이접기라면 이야기가 달라집니다. 우리 아이들은 미니카와 페이퍼 블레이드 등을 수백 개 가까이 접어서 둘이 놀이를 했습니다. 미니카 멀리 보내기, 종이 팽이 오래 돌리기 등 승부를 겨루며 도전 정신을 기르고 놀이의 규칙을 만들어나갔어요. 나아가 자기만의 미니카나 페이퍼 블레이드를 창작해내며 창의성과 응용력을 키울 수 있었습니다. 나중에는 아이들이 만든 작품들로 전시회를 열 정도로, 아이들은 종이접기에 진심이었답니다.

네모아저씨를 좋아하는 은택이는 도서관에서 책을 빌려도 보고, 네모아저씨의 새로운 책이 나오면 구입해두고 계속 꺼내 보며 종이접기를 했습니다. 새로운 작품에 대한 열정이 가득한 나머지 어느 날은 하원 후에 제게 부탁을 했답니다.

"엄마, 네모아저씨 유튜브 종이접기 채널이 있는데, 그걸 보면서 종이접기하고 싶어요. 책에 있는 건 모두 접어본 것들이라 새로운 것을 접고 싶어서요."

이때까지도 집에서 영어 영상 외에는 TV를 틀지 않고 유튜브도 보여주지 않았지만 은택이의 종이접기에 대한 열정이 제 걱정을 이겼습니다.

시간을 정해서 '한 번에 원하는 작품 하나씩 접기'라는 규칙을 만들었어요. 책을 보고 접는 것보다 유튜브에서 직접 접는 것을 보고 따라 하니 더 쉽다며, 아이는 더욱 종이접기에 빠져들었지요. 책에 없는 다양한 작품들을 접하면서 아이가 만드는 개인 창작 작품의 세계도 점점 다양해지고 확장되었답니다.

저 역시 처음에는 유튜브의 중독성이 무서워서 무조건 "NO"를 외친 엄마였습니다. 하지만 아이와 규칙을 만들고, 아이가 규칙을 지키며 시간이 지나고(혹은 시간이 더 지나더라도 작품이 완성될 때까지만 보고) 스스로 아이패드의 전원을 끄는 모습을 보면서 제가 과한 걱정을 했다는 것을 깨달았습니다.

평소 운동을 좋아하는 저는 코로나로 밖에 나가지 못하게 되면서부터 유튜브 채널을 보면서 집 안에서 운동을 했습니다. 혼자하는 것보다 채널 속 누군가의 말을 듣고 함께 해나가니 나태해지지도 않고 따라 하기도 쉬웠어요. 제가 직접 유튜브를 활용해보니 종이접기를 하는 아이의 마음도 똑같지 않을까 싶었습니다. 잘하는 사람의 시범을 보면서 따라 할 수 있고, 책의 설명만으로는 부족해서 몇 번씩 틀렸던 부분도 영상은 계속 반복해서 보며 접을 수 있으니 책만 보고 접는 것보다는 수월하겠지요.

다만 처음부터 종이접기를 쉽게 하라고 아이에게 유튜브 영상을 보여주는 것은 막고 싶어요. 시중에 있는 다양한 종이접기 책을 이용해서 아이가 흥미를 붙이게 하고, 아이의 종이접기 실력이 늘어나서 본인이 원한다면 그때 유튜브를 활용해도 충분하거든요. 또한 아이와 같이 미디어 사용 규칙을 정하고 나서 유튜브 영상을 보여주기 시작하셨으면 해요. 종이접기가 아무리 좋다고 해도, 아이들이 장시간 미디어를 보는 것은 시력뿐 아니라 건강에도 좋지 않답니다.

'Show & Telling' 아이의 개인 유튜브 채널

    종이접기와 레고 조립하기를 좋아하는 우리 아이들은 둘이 같이 작품을 만들고 그것을 가지고 노는 일을 즐겨 합니다. 한창 역할 놀이를 하다 종이접기 유튜브 채널에 눈을 뜬 은택이가 제게 부탁을 했습니다.

    "엄마, 저도 종이접기랑 레고 조립하는 영상을 녹화해서 유튜브 채널에 올리고 싶어요. 계정 만들어주세요." 이렇게 은택이는 어느 날 갑자기 크리에이터가 되었습니다.

    아이는 하교 후 숙제를 마치고는 방에 들어가 엄마의 스마트폰과 삼각대를 이용해서 영상을 찍고 나옵니다. 어디서 본 건 있어서 얼굴은 나오지 않게 하고 종이접기를 하는 영상입니다.

    처음에는 쑥스러워하던 아이는 날이 갈수록 말하기 실력이 향상되더군요. 처음에는 한국어로만 영상을 찍다가, 그 뒤에는 종종 영어로 녹화를 하기도 했답니다. 앞서 영어 놀이에서 말씀드린 것처럼 아이 스스로 취미 생활과 영어를 접목해서, 영어는 공부의 대상이 아니라 내 생각을 전달하는 도구 중 하나라는 것을 스스로 깨우친 것이지요.

저도 코로나로 인해 원격 수업을 준비하면서 처음으로 제 수업을 녹화했을 때, 자꾸만 말이 꼬이고 매끄럽게 나오지 않아 몇 번을 중단했다 다시 시작했는지 모릅니다. 12년 차 과학 교사에게도 현장 강의가 아닌 수업 영상 녹화는 낯선 영역이었습니다. 대본을 써두고 강의 영상을 찍어도 꼭 몇 군데씩 수정할 부분이 나오더라고요. 글이나 말은 연습을 충분히, 또 꾸준히 거쳐야 일정 수준 이상으로 올라가게 됩니다.

모처럼 새 레고를 사주었던 날, 아이는 언박싱Unboxing 후 레고를 조립하는 영상을 찍었습니다. 시작은 순조로웠는데, 작은 피스 하나를 못 찾는 일이 벌어졌습니다. 예전 같았으면 영상을 끄고 녹화를 다시 시작했을 아이가 "I'm sorry, Where did I put it? sorry" 침착하게 이야기하며 피스를 찾는 모습을 영상으로 보았어요. 엄마인 제 눈에는 레고를 조립하면서 실수를 해도 당황하지 않고 유연하게 넘기는 모습이 다른 무엇보다 인상 깊었습니다.

아이가 유튜브 채널에 올릴 영상을 찍으면서, 자연스럽게 조리 있게 말하는 연습이 된다는 것을 느꼈습니다. 어린 시절 아이의 취미와 연계해 'Show and Tell(내 물건을 보여주고 발표하기)'을 위한 유튜브 채널로 시작해보세요. 엄마가 억지로 권해서 하기보다는, 아이가 관심이 생기면 엄마에게 도움을 요청할 거예요. 그때가 시작하기 가장 좋은 때입니다. 아이의 자율성에, 엄마와 아이가 함께 정한 규칙만 더해진다면 효과적인 미디어 교육이 될 것입니다.

디지털 시대에 태어난 아이들을 키워본 경험이 없는 부모 세대에게 지금은 매사가 도전이지요. TV보다 유튜브에 열광하는 아이들에게 디지털 미디어를 무조건 멀리하라고 설득할 수 있을까요? 앞으로 아이들이 살아갈 혁신적인 세상에서 부모의 역할은 아이가 새로운 디지털 문화를 자연스럽게 받아들일 수 있도록 도와주고, 규칙을 함께 정하고, 잠재된 위험 요소들에 현명하게 대처하도록 가르치는 것이라고 생각합니다.

노는 만큼 배우는 아이들

웃음꽃이 피는 엄마표 놀이의 마법

'엄마표' 하면 가장 먼저 무엇이 떠오르시나요?

엄마표를 검색하면 '놀이, 영어, 미술, 수학, 한글, 도시락' 등 많은 단어가 따라옵니다. 가만히 생각해보면, 주로 아이와 함께 시간을 보내는 엄마 입장에서는 모든 것이 엄마표가 되지 않을까 싶어요. 아이와 눈을 맞추고 깔깔거리고 살을 비비는 모든 순간이 말이지요.

의욕에 불타올라 시작했던 엄마표를 성공적으로 끝낸 경험도, 흐지부지하다 실패로 끝났던 경험도 있으시죠? 엄마표를 시작할 때의 마음과 다르게 준비가 번거롭고, 아이가 내 마음대로 따라오지 않고, 계속된 실패의 경험이 누적될수록 몸과 마음이 엄마표에서 점점 멀어지게 됩니다.

하지만 다르게 생각해보면 어떨까요? 살면서 실패를 한 번도 해보지 않은 사람은 없잖아요. 또 처음부터 완벽하게 잘 해내는 사람도 없습니다. 저 역시 시작은 그저 집에서 삼시 세끼와 간식까지 알차게 먹으며 종일 붙어 있는 아이들과 시간을 보내기 위해서였어요. 처음 생각했던 것과는 전혀 다른 방향으로 흘러간 적도 많았고, 망했던 적도 많았습니다. 하지만 아이와 함께 시도해봤다는 것, 그 자체로 충분하다고 생각해요. 아이와 대화를 나누고 웃음이 떠나지 않는 시간을 함께 보냈다는 것만으로도 이미 엄마표는 성공이라고 생각합니다.

아이들과의 시간이 차곡차곡 쌓이자, 점차 대화가 깊어지고 아이와의 관계도 점점 좋아지는 것을 느꼈습니다. 두 아이는 엄마와 함께 시간을 보내며 놀았을 뿐인데, 놀이를 통해 몰입을 경험하며 엉덩이 힘이 점점 늘어가고 있었고요.

형과 달리 동생 윤택이는 영유아 시절에 그야말로 '상남자'였어요. 목소리만 큰 게 아니라 행동반경도 넓고, 잠시도 가만히 앉아 있지 못하는 아이였답니다. 하지만 세 돌 즈음 된 윤택이가 어느 날, 잠자리에 들기 전에 그러더군요. "엄마, 수업 더 하고 싶어서 잠이 안 와요. 엄마랑 더 놀고 싶어요."

엄마가 아이를 억지로 끌고 가지 않고 아이의 질문과 관심사에 맞춰서 좇아갔더니, 아이에게는 엄마와 형과 하는 모든 것이 즐겁고 행복한 기억으로 자리를 잡은 것이지요. 이때부터 윤택이는 차츰 집중하며 몰입하는 시간이 길어졌고, 형처럼 다양한 방식으로 놀이를 제안하고 자기만의 방식으로 바꾸어나가기 시작했습니다.

이렇게 놀이가 몰입의 경험으로 이어지고 이것이 초등학교에 들어간 후에는 스스로 공부하는 힘으로 이어지는 선순환의 고리가 만들어진다는 것을, 저는 제 경험으로 터득했습니다. 아이들이 놀면서 얼마나 많은 것을 배우는지 여러분께 말씀드리고 싶어 책을 쓰게 되었습니다.

엄마들은 아이와 놀이를 할 때 '이런 상황에서 어떤 질문을 하면 좋을까?', '아이가 이렇게 물어보면 어떤 대답을 해주어야 하지?'라는 고민을 하게 됩니다. 그럴 때 이 책에서 소개한, 제가 실제로 아이들과 놀이를 하며 나누었던 질문과 대화들에서 힌트를 얻으실 수 있다면 좋겠습니다. 그리고 자연스럽게 여러분만의 특색 있는 놀이로 발전시켜나갈 수 있기를 바랍니다.

아이와 함께 하는 놀이에서 중요한 것은 부모와 자녀의 관계와 즐거움이 아닐까 생각합니다. 아이에게 강요하지 않고 서로가 즐겁게 놀다 보면 마법처럼 관계가 돈독해지고 아이들도 성장하는 것을 느끼실 수 있을 겁니다.

제가 두 아들과 함께 산책을 나가면 '아이고, 엄마 힘들겠네' 하고 저를 걱정해주는 무수한 눈빛들을 받고는 했습니다. 하지만 두 아들이 제 곁에 있었기에 제가 엄마로서 아이들과 함께 성장할 수 있었습니다. 세상에 태어난 것이 이미 선물인 두 아이가 없었다면 이 책도 없었을 것입니다. 언제나 엄마가 가장 좋다고 이야기해주는 은택이와 윤택이에게 고마운 마음을 전합니다.

"당신 하고 싶은 거 다 해봐요." 언제나 묵묵히 아내를 지지하고 응원을 보내주는 남편에게도 감사를 전합니다.

사랑합니다.

감사합니다.

노는 만큼 배우는 아이들

초판 1쇄 발행일 2023년 1월 31일
초판 2쇄 발행일 2023년 5월 25일

지은이 엄예정

발행인 윤호권
사업총괄 정유한

편집 정상미 **디자인** 서윤하 **마케팅** 김솔희
발행처 ㈜시공사 **주소** 서울시 성동구 상원1길 22, 6-8층(우편번호 04779)
대표전화 02-3486-6877 **팩스(주문)** 02-585-1755
홈페이지 www.sigongsa.com / www.sigongjunior.com

글 ⓒ 엄예정, 2023 | 그림 ⓒ 공인영, 2023

ISBN 979-11-6925-549-3 03370

＊시공사는 시공간을 넘는 무한한 콘텐츠 세상을 만듭니다.
＊시공사는 더 나은 내일을 함께 만들 여러분의 소중한 의견을 기다립니다.
＊잘못 만들어진 책은 구입하신 곳에서 바꾸어 드립니다.